Александр
Михаил Футерман

Актуальные аспекты комплексной защиты информации

Александр Шилов
Михаил Футерман

Актуальные аспекты комплексной защиты информации

Разработка проекта комплексной системы защиты

LAP LAMBERT Academic Publishing

Impressum / Выходные данные

Bibliografische Information der Deutschen Nationalbibliothek: Die Deutsche Nationalbibliothek verzeichnet diese Publikation in der Deutschen Nationalbibliografie; detaillierte bibliografische Daten sind im Internet über http://dnb.d-nb.de abrufbar.

Alle in diesem Buch genannten Marken und Produktnamen unterliegen warenzeichen-, marken- oder patentrechtlichem Schutz bzw. sind Warenzeichen oder eingetragene Warenzeichen der jeweiligen Inhaber. Die Wiedergabe von Marken, Produktnamen, Gebrauchsnamen, Handelsnamen, Warenbezeichnungen u.s.w. in diesem Werk berechtigt auch ohne besondere Kennzeichnung nicht zu der Annahme, dass solche Namen im Sinne der Warenzeichen- und Markenschutzgesetzgebung als frei zu betrachten wären und daher von jedermann benutzt werden dürften.

Библиографическая информация, изданная Немецкой Национальной Библиотекой. Немецкая Национальная Библиотека включает данную публикацию в Немецкий Книжный Каталог; с подробными библиографическими данными можно ознакомиться в Интернете по адресу http://dnb.d-nb.de.

Любые названия марок и брендов, упомянутые в этой книге, принадлежат торговой марке, бренду или запатентованы и являются брендами соответствующих правообладателей. Использование названий брендов, названий товаров, торговых марок, описаний товаров, общих имён, и т.д. даже без точного упоминания в этой работе не является основанием того, что данные названия можно считать незарегистрированными под каким-либо брендом и не защищены законом о брендах и их можно использовать всем без ограничений.

Coverbild / Изображение на обложке предоставлено: www.ingimage.com

Verlag / Издатель:
LAP LAMBERT Academic Publishing
ist ein Imprint der / является торговой маркой
OmniScriptum GmbH & Co. KG
Heinrich-Böcking-Str. 6-8, 66121 Saarbrücken, Deutschland / Германия
Email / электронная почта: info@lap-publishing.com

Herstellung: siehe letzte Seite /
Напечатано: см. последнюю страницу
ISBN: 978-3-8383-7901-2

СОДЕРЖАНИЕ

ВВЕДЕНИЕ

В монографии рассматриваются вопросы построения комплексной системы защиты информации (КСЗИ) на предприятии. Имеются следующие методологические уровни рассмотрения вопросов информационной безопасности (ИБ) на предприятиях [1–16]: объект информатизации (ОИ), автоматизированные системы (АС) и средства вычислительной техники (СВТ). Классификация безопасности АС и СВТ зависит от уровней секретности и конфиденциальности обрабатываемой на предприятии информации [17]. КСЗИ предприятия строится на уровне объекта информатизации.

Надежность работы технических средств защиты информации критична к внешним условиям. На эффективность работы многих приборов могут влиять радиообстановка в районе объекта, перепады температуры, характер конструкции здания и т.д. Поэтому всестороннее изучение и обследование объекта и окружающей его обстановки – важный этап проектирования.

Для создания эффективной защиты необходимо представлять, какими силами и средствами может располагать противник для перехвата информации. Такие сведения в сжатом виде называются моделью нарушителя. Только основываясь на модели нарушителя, можно правильно подобрать комплект защитного оборудования.

При закупке аппаратуры защиты информации нужно учитывать принцип разумной достаточности. Сначала необходимо оценить ущерб, который будет иметь место в результате утечки информации, и сопоставить его размеры с размерами затрат на организацию защиты. Если затраты на создание системы защиты намного превышают размеры ущерба, то налицо явная нецелесообразность предложенной схемы безопасности.

Разработка проекта комплексной системы защиты информации включает организационный блок и технический блоки. Также могут быть добавлены работы по аттестации объекта информатизации, специальным исследованиям технических средств и выдаче предписаний на их эксплуатацию. В монографии рассматриваются вопросы создания проекта КСЗИ и даются рекомендации по применению материала в учебном процессе.

1. КОНЦЕПЦИЯ КОМПЛЕКСНОЙ ЗАЩИТЫ ОБЪЕКТА ИНФОРМАТИЗАЦИИ

Концепция комплексной защиты объекта информатизации включает рассмотрение таких вопросов, как сущность таких систем, решаемые ими задачи, факторы, влияющие на организацию КСЗИ. Концепцией определяются основные компоненты, технологическое и организационное построение системы. КСЗИ строятся для защиты предприятий различного типа. С точки зрения защиты информации предприятия рассматриваются как объекты информатизации. Объект информатизации, согласно ГОСТ 51275 [18], это информационные ресурсы, средства обеспечения, помещения и выделенные помещения и территории. Особенности организации системы защиты ОИ: комплексность, индивидуальность подходов, рассмотрение этапов жизненного цикла, объективная оценка угроз с анализом возможных направлений, делением средств защиты на категории: основные, специальные и дополнительные.

В соответствии с особенностями объектов информатизации построение КСЗИ базируется на следующих принципах: комплексный характер защиты информации; предрпроектное обследование ОИ и окружающей его обстановки; формирование модели нарушителя (учет какими силами и средствами может располагать противник); оценка рисков возможного ущерба; разумная достаточность при закупке аппаратуры и программного обеспечения.

При разработке проектов КСЗИ для различных предприятий обычно исходят из следующего типового перечня работ. Обследование уровня защищенности, оргструктуры предприятия и нормативно-распорядительной документации. Формирование пакета предложений по организации политики безопасности на объекте. Разработка проектно-сметной документации на оснащение объекта. Проведение монтажных и пусконаладочных работ. Обучение обслуживающего персонала. Гарантийное и послегарантийное сопровождение установленных комплексов безопасности объектов. Оптимизация по соотношению «качество-цена» проекта КСЗИ с учетом снижения рисков заказчика. Типичными задачами, которые решаются в проекте комплексной защиты информации, являются: защита вычислительных сетей (внешних и внутренних), служебных кабинетов, абонентских участков и телефонных линий, оснащение службы безопасности, организация пропускного режима на территории, разграничение полномочий по доступу. При этом учитываются возможные направления их решения и категорийность объектов информатизации.

Типовой проект КСЗИ обычно включает два этапа работ по его составлению с определением и нормативным закреплением состава защищаемой информации.

Первый этап: изучение объекта; инженерный анализ объекта; инструментальная проверка; выявление естественных (функциональных) и искусственных (специальных) каналов утечки; разработка частной модели нарушителя с оценкой реальных оперативных и технических возможностей нарушителя по перехвату информации с объекта; анализ рисков; политика безопасности; оценка защиты с учетом эффективности, стоимости, бесконфликтности и простоты эксплуатации программного обеспечения.

Второй этап делится на технический и организационный блоки. Технический блок: это фактически проект оснащения конкретных помещений защитной аппаратурой различного назначения с анализом смет расходов. Организационный блок: разработка приказов, инструкций и документов, составляющих административно-правовую поддержку КСЗИ. Проект КСЗИ также предполагает удовлетворение стандартов по электромагнитной совместимости, безопасности жизнедеятельности и эргономическим требованиям, а также санитарным нормам. Отдельным вопросом проектирования может быть разработка легенды прикрытия технологии «ноу-хау». Завершается реализация проекта аттестационными испытаниями ОИ со специальными исследованиями технических средств и выдачей предписаний на их эксплуатацию.

Сущность и содержание контроля функционирования и аттестационных испытаний КСЗИ определяются ведомственной принадлежностью предприятия. Типовыми видами контроля являются: внешний (инспекционный) контроль, осуществляемый вышестоящей организацией по отношению к предприятию; внутриобъектовый (эксплуатационный) повседневный, ежеквартальный и ежегодный контроль, осуществляемый подразделениями защиты информации предприятия-владельца объекта информатизации. Типы контроля: экспертно-документальный, инструментальный (аппаратный) контроль, тестовый. При этом предполагаются испытания на соответствие организационно-техническим требованиям по защите информации, требованиям по защите информации от утечки по каналам ПЭМИН, требованиям по защите информации от утечки за счет ПЭМИ СВТ, требованиям по защите информации от утечки за счет наводок на вспомогательные цепи и оборудование, требованиям по защите информации от утечки по цепям заземления и электропитания, требованиям по защите информации от НСД, требованиям по защите информации от утечки за счет встроенных технических средств.

Важным вопросом проектирования КСЗИ является определение возможностей и потенциальных каналов и методов несанкционированного доступа к информации. В соответствии со стандартом ГОСТ 15408 [19] на предприятии обеспечивается поддержка доверия к безопасности установленных продуктов информационных технологий. Парадигмой поддержки доверия определены фазы цикла поддержки доверия: приемка объекта оценки для поддержки, мониторинг, переоценка. Формальными свидетельствами поддержки доверия на ОИ являются план поддержки доверия и отчет о категорировании компонентов объектов оценки. Кроме того, свидетельство поддержки доверия включает анализ влияния на заявленный уровень безопасности ОИ вносимых в систему изменений.

Частью проекта КСЗИ является создание организационно распорядительной документации, которая включает технологическую инструкцию по эксплуатации средств защиты: разрешительная система допуска; нахождение лиц, допущенных в установленном порядке; исключение несанкционированного просмотра выводимой на них информации; стирание временных файлов на несъёмных носителях информации и информации в оперативной памяти; процедура изменение или ввод новых программ обработки; особенности увольнения или перемещении администраторов АС; оперативное изменение паролей, идентификаторов и ключей шифрования; учет носителей информации и их учетных реквизитов.

Порядок обеспечения защиты информации при эксплуатации ОИ определяется специальными требованиями и рекомендациями по защите конфиденциальной информации. Конкретные объекты защиты на предприятии определяются в ходе организационно-технических мероприятий по защите служебной и коммерческой тайн, а также персональных данных согласно утвержденным перечням сведений, составляющих соответствующий вид тайны. Руководящими документами Гостехкомиссии [10] классифицируются автоматизированные системы (АС), обрабатывающие информацию, составляющую служебную тайну (3Б, 2Б, 1Г), коммерческую тайну (3Б, 2Б, 1Д), персональные данные (3Б, 2Б, 1Д). Выход такой информации за пределы контролируемой зоны предполагает применение защищенных каналов связи: волоконно-оптические и криптографические линии связи.

Анализ и оценка угроз безопасности информации проводятся по следующим направлениям защиты: хищение, утрата, искажения за счет НСД и специальных воздействий; утечки по техническим каналам. При этом основными мерами по защите информации являются: разрешительная системы допуска в помещения и к информационным ресурсам; регистрация действий пользователей; учет и надежное хранение носителей информации, ключей; использование специальных защитных знаков (СЗЗ); резервирование; сертификация средств обработки и СЗИ; обеспечение электромагнитной совместимости; размещение объектов защиты на максимально возможном расстоянии относительно границы КЗ; размещение подстанций электропитания и контуров заземления объектов защиты в пределах КЗ; развязка цепей электропитания защитными фильтрами; электромагнитная развязка между линиями связи и другими цепями ВТСС, выходящими за пределы КЗ; использование защищенных каналов связи с использованием технологии ВОЛС и криптосредств; размещение средств визуализации с исключением несанкционированного просмотра информации; физическая защита помещений и технических средств силами охраны.

Выявление источников и результатов дестабилизирующего воздействия на информацию в компьютерных системах проводится с учетом возможного деления информационных систем объекта информатизации на автоматизированные системы следующих типов: АРМ на базе автономных ПЭВМ, изолированных ЛВС, межсетевое взаимодействие, СУБД, взаимодействие с информационными сетями общего пользования.

Оценка источников и способов дестабилизирующего воздействия на информацию при защите речевой информации включает исследование особенностей защиты и речевой информации в защищаемых помещениях. Формируются организационно-режимные меры по защите аудиоинформации. В частности, по защите речевой информации, циркулирующей в системах звукоусиления, звукового сопровождения кинофильмов, при проведении звукозаписи и каналах связи.

Моделирование угроз и нарушителей ИБ на стадиях жизненного цикла позволяет определить условия функционирования КСЗИ, уточнить назначение и распределение ролей с целью обеспечения доверия к персоналу. Основные этапы этой работы: формирование ролей на основании бизнес-процессов, работа с персоналом, с учетом распределения ролей, персонификация и адекватное разделение ролей и ответственности. Модель зрелости процессов управления информационной безопасностью включает анализ различных уровней модели зрелости. Примером сложившегося подхода, основанного на международном опыте, может служить модель угроз и нарушителей информационной безопасности организаций банковской сферы РФ.

Кадровое, материально-техническое и нормативно-методическое обеспечение функционирования КСЗИ предполагает определение кадрового состава служб безопасности и распределение функций по защите информации между руководством предприятия, службой защиты информации, специальными комиссиями и пользователями защищаемой информации, а также обеспечение взаимодействия между ними. В рамках этой работы производится разработка нормативных документов, регламентирующих деятельность персонала по защите информации и подбор и обучение персонала. Значение и состав материально-технического обеспечения служб безопасности напрямую зависит от структуры КСЗИ. Нормативно-методическое обеспечение функционирования КСЗИ связано с перечнем вопросов, требующих документационного закрепления. Состав нормативно-методических документов по обеспечению функционирования КСЗИ, их назначение, структура и содержание, а также порядок разработки и внедрения документов определяются регламентирующими документами.

Назначение, структура и содержание управления КСЗИ определяются выбранными принципами и методами планирования функционирования системы защиты. Особенности защищаемого предприятия, связанные с его корпоративным управлением, вызывают потребность в управлении информационной безопасностью через процедуры управления рисками: классификация, идентификация, оценка. Организационную основу управления ИБ составляют стандарты серии ГОСТ 270хх, которые требуют увязки структуры КСЗИ с целями бизнеса организации и корпоративным управлением. Также они задают требования по проведению мониторинга результативности КСЗИ, доведения до руководства информации об управлении информационной безопасностью, проведения корректирующих и превентивных действий, оценки качества функционирования системы управления безопасностью.

Требования стандартов по обеспечению непрерывности бизнеса определяют планы и мероприятия по управлению КСЗИ в условиях чрезвычайных ситуаций различных видов. При этом учитываются факторы, влияющие на принятие решений и подготовку мероприятий в условиях чрезвычайных ситуаций.

2. ПРОЕКТ КОМПЛЕКСНОЙ СИСТЕМЫ ЗАЩИТЫ ИНФОРМАЦИИ ПРЕДПРИЯТИЯ

В состав типовой комплексной системы защиты информации на предприятии входят следующие составляющие: система контроля и управления доступом, система видеонаблюдения или охранного телевидения, охранно-пожарные системы, система противодействия экономическому шпионажу и комплекс защиты корпоративных сетей. Защита информации на предприятии – задача комплексная. Нельзя защищаться по одному направлению, пренебрегая другими. Поэтому КСЗИ включает решение множества разнохарактерных вопросов.

Объем и характер работ по проекту КСЗИ связаны с категорией объекта информатизации. Различают ОИ трех категорий.

Объект информатизации 1 категории включает одно здание до 50 помещений без прилегающей территории. Штат сотрудников до 100 человек. Средств вычислительной техники – до 50 единиц, включенных в локальную сеть с двумя выделенными серверами. Одно выделенное помещение (площадью не более 100 квадратных метров) с 1–2 объектами вычислительной техники (ОВТ), включая средства телефонизации, множительной техники и т.п.

Объект 2 категории: до трех зданий, не более 100 помещений, наличие прилегающей территории подлежащей контролю. Штат до 500 человек персонала. Средств вычислительной техники – до 250 единиц, включенных в распределенную сеть с 2–10 серверами и выходом в глобальные сети. До трех выделенных помещений с двумя-тремя объектами вычислительной техники.

Объект 3 категории. Свыше трех зданий. Наличие прилегающей территории, подлежащей контролю. Штат свыше 500 человек персонала. СВТ свыше 250 единиц, свыше 10 серверов, распределенная сеть, выход в глобальные сети. Распределенная система расположения выделенных помещений (до семи) с 10–15 ОВТ.

Типовые *этапы разработки проекта* комплексной системы защиты информации на предприятии следующие [4]:

– предпроектная стадия – предпроектное обследование предприятия, разработка технического задания и технико-экономического обоснования;

– стадия проектирования – разработка технического проекта и рабочего проекта;

– на стадии ввода в эксплуатацию – ввод в действие отдельных элементов системы, комплексная стыковка элементов системы, опытная эксплуатация, приемочные испытания и сдача в эксплуатацию.

2.1. Предпроектное обследование предприятия

На предпроектной стадии по обследованию объекта информатизации:

– устанавливается необходимость обработки на предприятии информации ограниченного доступа, ее вид, степень конфиденциальности и объемы;

– определяются режимы обработки этой информации, комплекс основных технических средств, условия расположения объекта информатизации, общесистемные программные средства, предполагаемые к использованию в разрабатываемой АС;

– определяется категория СВТ;

– определяется класс АС;

– определяется степень участия персонала АС в обработке (передаче, хранении, обсуждении) информации, характер их взаимодействия между собой и с подразделениями защиты информации;

– оценивается возможность использования имеющихся на рынке сертифицированных средств защиты информации;

– определяются мероприятия по защите информации ограниченного доступа на стадии разработки АС;

– на основе действующих государственных нормативных документов по защите информации с учетом установленных категории СВТ и класса защищенности АС задаются конкретные требования к СЗИ АС, включаемые в раздел ТЗ на создание АС по разработке СЗИ.

На основании результатов предпроектного обследования разрабатывается *аналитическое обоснование необходимости создания СЗИ и раздел ТЗ*. В аналитическом обосновании необходимости создания СЗИ должны содержаться:

– информационная характеристика и организационная структура объекта информатизации;

– характеристика комплекса основных и вспомогательных технических средств, программного обеспечения, режимов работы, технологического процесса обработки информации;

– возможные каналы утечки информации и перечень мероприятий по их устранению и ограничению;

– предлагаемые к использованию сертифицированные средства защиты информации;

– оценка материальных, трудовых и финансовых затрат на разработку и внедрение СЗИ;

– ориентировочные сроки разработки и внедрения СЗИ;

– обоснование необходимости привлечения специализированных предприятий для разработки СЗИ;

– перечень мероприятий по защите информации ограниченного доступа на стадии разработки АС.

2.2. Стадия проектирования

Важным в экономическом отношении является принятие решения о выборе из имеющихся на рынке сертифицированных средств защиты информации или о разработке специальных средств собственными силами. Для правильного выбора средств защиты информации производятся: категорирование средств и систем вычислительной техники и классификация АС, предназначенных для обработки, передачи и хранения секретной информации.

На стадии проектирования КСЗИ учитываются предъявляемые требования по классу защищенности АС и заданные заказчиком ограничения на финансовые, материальные, трудовые и временные ресурсы. На этой стадии осуществляется следующее:

– разработка технического задания на строительство или реконструкцию объекта информатизации в соответствии с требованиями ТЗ на разработку КСЗИ;

– разработка технического проекта на КСЗИ;

– строительно-монтажные работы по оборудованию объекта информатизации в соответствии с проектной документацией, утвержденной заказчиком;

– разработка организационно-технических мероприятий по защите объекта информатизации в соответствии с предъявляемыми требованиями;

– закупка сертифицированных серийно выпускаемых в защищенном исполнении технических средств обработки, передачи и хранения информации;

– закупка и специальные исследования на побочные электромагнитные излучения и наводки несертифицированных средств с выдачей предписаний на их эксплуатацию или сертификацию отдельных образцов импортной техники;

– специальная проверка импортных технических средств на предмет возможно внедренных в них специальных электронных устройств (закладок);

– размещение и монтаж технических средств КСЗИ;

– закупка сертифицированных серийно выпускаемых технических и программных средств (в том числе криптографических) и их адаптация;

– разработка и последующая сертификация программных средств защиты в случае, когда на рынке отсутствуют требуемые программные средства;

– объектовые исследования технических средств предприятия на побочные электромагнитные излучения и наводки с целью определения соответствия установленной категории для этих технических средств;

– монтаж средств активной защиты в случае, когда по результатам специальных или объектовых исследований технических средств не выполняются нормы защиты информации для установленной категории этих технических средств;

– организация охраны и физической защиты объекта информатизации и отдельных технических средств;

– разработка и реализация разрешительной системы доступа пользователей и эксплуатационного персонала к обрабатываемой информации, оформляемой в виде раздела «Положение о разрешительной системе допуска исполнителей к документам и сведениям в учреждении»;

– определение заказчиком подразделений и лиц, ответственных за эксплуатацию КСЗИ, обучение назначенных лиц специфике работ по защите информации на стадии эксплуатации;

– выполнение генерации пакета прикладных программ в комплексе с программными средствами защиты информации;

– разработка организационно-распорядительной и рабочей документации по эксплуатации АС в защищенном исполнении, а также средств и мер защиты информации (приказов, инструкций и других документов).

2.3. Стадия ввода в эксплуатацию

На стадии ввода в действие КСЗИ в ее составе осуществляются:

– опытная эксплуатация разработанных или адаптированных средств защиты информации в комплексе с прикладными программами в целях проверки их работоспособности и настройки технологического процесса обработки информации;

– приемочные испытания КСЗИ по результатам опытной эксплуатации с оформлением приемосдаточного акта, подписываемого разработчиком (поставщиком) и заказчиком;

– аттестация предприятия как АС по требованиям безопасности информации, которая производится аккредитованным в установленном порядке органом по аттестации в соответствии с «Положением по аттестации объектов информатики по требованиям безопасности информации», действующим в системе сертификации продукции и аттестации объектов информатики, работающей под управлением ФСТЭК России.

2.4. Аудит информационной безопасности предприятия

Эффективное построение и реорганизация комплексной защиты корпоративной информационной системы невозможно без аудита информационной безопасности и анализа рисков [20-22]. В выполнении этого вида работ участвуют руководители предприятия, их заместители по развитию, автоматизации и безопасности, начальники служб автоматизации и информационной безопасности, а также все лица, ответственные за организацию информационной безопасности на предприятии. При этом должны выполняться рекомендации и требования руководящих и нормативных документов ФСТЭК и других органов государственного и ведомственного управления, а также российских и международных стандартов, главным образом, ГОСТ 17799, ГОСТ 15408, ГОСТ 19791, ГОСТ 27001, ГОСТ 27005. Стандарты задают критерии, в соответствии с которыми производится оценка эффективности защиты, методы оценки и переоценки информационных рисков предприятия.

Содержательно данная стадия разработки проекта КСЗИ включает анализ и оценку текущего состояния системы информационной безопасности предприятия, выработку рекомендаций и предложений по разработке концепции и политики безопасности, нормативной документации, плана защиты предприятия, а также по проектированию и сопровождению корпоративной системы информационной безопасности заказчика. Работы на этой стадии позволяют:

– оценить или переоценить уровень текущего состояния информационной безопасности предприятия;

– выработать рекомендации по обеспечению (повышению) информационной безопасности предприятия;

– снизить потенциальные потери предприятия или организации путем повышения устойчивости функционирования корпоративной сети;

– разработать концепцию и политику безопасности предприятия;

– предложить планы защиты конфиденциальной информации предприятия, передаваемой по открытым каналам связи, защиты информации предприятия от умышленного искажения (разрушения), несанкционированного доступа к ней, ее копирования или использования.

Целью этих работ является:

– количественная оценка текущего уровня безопасности, задание допустимых уровней рисков, разработка плана мероприятий по обеспечению требуемого уровня безопасности на организационно-управленческом, технологическом и техническом уровнях с использованием современных методик и средств;

– рассчитать и экономически обосновать перед руководством или акционерами размер необходимых вложений в обеспечение безопасности на основе технологий анализа рисков, соотнести расходы на обеспечение безопасности с потенциальным ущербом и вероятностью его возникновения;

– выявить и провести первоочередное блокирование наиболее опасных уязвимостей до осуществления атак на уязвимые ресурсы;

– определить функциональные отношения и зоны ответственности при взаимодействии подразделений и лиц по обеспечению информационной безопасности предприятия, создать необходимый пакет организационно-распорядительной документации;

– разработать и согласовать со службами организации, надзорными органами проект внедрения необходимых комплексов защиты, учитывающий современный уровень и тенденции развития информационных технологий;

– обеспечить поддержание внедренного комплекса защиты в соответствии с изменяющимися условиями работы организации, регулярными доработками организационно-распорядительной документации, модификацией технологических процессов и модернизацией технических средств защиты.

Реализация приведенных выше мероприятий позволяет строить КСЗИ на методическом, организационно-управленческом, технологическом и техническом уровнях. Важным условием для этого является выполнение должностными лицами разного уровня следующих обязанностей по управлению информационной безопасностью предприятия.

Руководители организаций и предприятий должны:

– формировать единую политику безопасности предприятия;

– рассчитывать, согласовывать и обосновывать необходимые затраты в защиту предприятия;

– оценивать текущий уровень информационной безопасности предприятия;

– обеспечивать требуемый уровень безопасности и в целом повышать экономическую эффективность предприятия;

– создавать и использовать профили защиты предприятия на основе качественных и количественных методик оценки информационной безопасности.

Начальники служб автоматизации и информационной безопасности предприятия должны:

– обеспечивать получение оперативной и объективной качественной и количественной оценки состояния информационной безопасности предприятия на организационно-управленческом, технологическом и техническом уровнях;

– вырабатывать и обосновать организационные меры (состав и структуру службы информационной безопасности, положение о коммерческой тайне, пакет должностных инструкций и инструкции действия в нештатных ситуациях);

– формировать экономическое обоснование необходимых инвестиций в защиту информации по приобретению тех или иных аппаратно-программных средства защиты в рамках единой концепции безопасности в соответствии с требованиями распоряжений и руководящих документов ФСТЭК, российских и международных стандартов;

– адаптировать и использовать в своей работе количественные показатели оценки информационной безопасности, методики оценки и управления безопасностью с привязкой к экономической составляющей эффективности предприятия.

Системные, сетевые администраторы и администраторы безопасности предприятия должны:

– оценивать безопасность основных компонентов и сервисов корпоративной информационной системы предприятия, техническое состояние аппаратно-программных средств защиты информации (межсетевые экраны, маршрутизаторы, хосты, серверы, корпоративные БД и приложения);

– применять на практике практические рекомендации, полученные от специалистов компании Исполнителя в ходе выполнения аналитического исследования, для нейтрализации и локализации выявленных уязвимостей аппаратно-программного уровня.

Для сотрудников и работников предприятия заказчика должны быть определены основные функциональные отношения и зоны ответственности, в том числе финансовой, за надлежащее использование информационных ресурсов и состояние политики безопасности.

Для построения эффективной, сбалансированной, экономически оправданной системы защиты применяются следующие подходы к анализу и оценке текущего состояния информационной безопасности предприятия.

Анализ требований к корпоративной системе информационной безопасности, который обычно используется при определении базового уровня информационной безопасности предприятия, когда достаточно выработать некоторые общие требования обеспечения информационной безопасности предприятия и следовать им. Существует два способа определения названных требований: основанный на жестких априорных и на гибких адаптивных требованиях. Более перспективным считается второй способ.

Инструментальные проверки состояния информационной безопасности предприятия или «активный аудит» – используются в основном для выявления возможных уязвимостей технического уровня. Цель мероприятий – выявление нарушений, действующих на данном предприятии инструкций по обеспечению режима, а также определение степени соответствия данных инструкций возложенным на них задачам. Недостаток метода состоит в том, что мало внимания уделяется организационно-режимным мероприятиям.

Анализ информационных рисков предприятия. Третий подход используется для проведения полного анализа защищенности корпоративной сети и управления информационной безопасностью предприятия на основе специальных методов и инструментальных средств, построенных с использованием структурных методик системного анализа и проектирования.

Данные методики как на этапах проектирования, внедрения, так при эксплуатации КСЗИ позволяют заказчику:

– убедиться, что требования, предъявляемые к организации системы безопасности, полностью проанализированы и документированы;

– оказывать помощь в планировании и осуществлении защиты на всех стадиях жизненного цикла информационных систем;

– автоматизировать процесс анализа требований безопасности;

– представить обоснование для мер противодействия;

– оценивать эффективность различных вариантов контрмер;

– генерировать отчеты.

3. ТЕХНИЧЕСКОЕ ЗАДАНИЕ НА ПОСТРОЕНИЕ КСЗИ ПРЕДПРИЯТИЯ

Важнейшим этапом в проекте комплексной защиты является разработка технических заданий на проектирование подсистем [23]. Говорят, что правильная постановка задачи, это уже половина ее решения. Текст типового технического задания (ТЗ) позволяет детально видеть решаемые в проекте задачи. Поэтому далее в монографии рассматривается такая важная часть проекта КСЗИ, как техническое задание на уровне всей системы и отдельных подсистем. Процесс работы над техническим заданием происходит в тесном взаимодействии Заказчика (предприятия, где устанавливается КСЗИ) и исполнителя (фирмы выполняющей договор на проектирование комплексной системой защиты).

Техническое задание на разработку КСЗИ включает следующие основные разделы: цель работ, решаемые задачи, основание для проведения работ, требования к проведению работ, требования к отчетной документации, сроки и этапы проведения работ.

Цель работ: построение комплексной системы информационной безопасности на объектах заказчика, оптимизированной по соотношению «качество – цена», учитывающей особенности объектов заказчика.

Решаемые при проектировании задачи:

– изучение фактического уровня безопасности информации, хранящейся и обрабатываемой на объекте;

– поиск и оценка уязвимостей информационной системы;

– выработка конкретных рекомендаций по разработке политики безопасности и вариантов ее практической реализации комплексом организационных мероприятий, программно-аппаратных, технических и иных средств;

– разработка проектно-сметной документации для оснащения объекта техническими средствами безопасности;

– внедрение комплекса технических средств безопасности.

– подготовка предприятия заказчика к эксплуатации и сервисному обслуживанию технических средств безопасности.

Основание для проведения работ: договор между предприятием заказчика и фирмой исполнителя.

3.1. Требования к проведению работ

Требования к проведению работ включают: требования по направлениям, условиям и составу проведения работ, составу исследовательской группы и составу предоставляемой информации.

Работы проводятся по следующим направлениям:

– исследование организационной структуры и нормативно-распорядительной документации предприятия в области безопасности, включая описание элементов объектов, подлежащих исследованию;

– безопасность компьютерных систем;

– защита объекта от несанкционированного доступа;

– защита речевой информации в помещениях и каналах связи.

В состав исследовательской группы входят сотрудники проектно-аналитического отдела фирмы исполнителя. В зависимости от состава проводимых работ могут изменяться функциональный состав и численность группы. Предприятие заказчика обязано при необходимости предоставить исполнителю необходимых специалистов для разрешения вопросов, возникших в ходе проведения исследования. Условия работы экспертной группы обеспечиваются заказчиком в соответствии с согласованным сторонами режимом конфиденциальности.

Типовой состав работ по разработке КСЗИ:

– изучение фактического состояния объекта с точки зрения информационной безопасности;

– проведение работ по определению и систематизации перечня угроз информационной безопасности;

– разработка политики безопасности;

– разработка проектно-сметной документации;

– внедрение технических средств безопасности;

– эксплуатация и последующее сервисное обслуживание комплекса технических средств.

Изучение фактического состояния объекта с точки зрения информационной безопасности включает следующее:

– описание имеющегося на объекте оборудования, программного обеспечения, технических средств и систем, предназначенных для хранения, обработки и передачи информации, технической и эксплуатационной документации к ним;

– описание применяемых технических средств, технологических мер, организационных мероприятий, средств и систем обеспечения информационной безопасности по следующим направлениям: безопасность компьютерных систем, защита объекта от несанкционированного доступа, защита речевой информации в помещениях и каналах связи;

– описание существующей организационной структуры предприятия заказчика, управленческого документооборота, регулирующего вопросы жизнедеятельности с точки зрения информационной безопасности.

Определение и систематизация перечня угроз информационной безопасности включает:

– оценку эффективности реализованных на объекте методов и средств защиты информации,

– определение уязвимых мест с выездом исследовательской группы на объект заказчика для проведения инструментальных замеров и проверок, по следующим основным направлениям – безопасность компьютерных систем, системы управления доступом, защита речевой информации в помещениях и каналах связи, организационная структура предприятия и нормативно-распорядительная документация в области безопасности;

– классификация выявленных уязвимых мест по вероятности появления угрозы, по размерам ожидаемых потерь (совместно с заказчиком), по размерам затрат на ликвидацию угрозы (совместно с заказчиком);

– оформление отчета по этапу определения и систематизации перечня угроз.

Разработка *политики безопасности* включает обоснование экономически целесообразного уровня информационной безопасности с оптимизированным сочетанием технических средств и организационных мероприятий и установлением этапов создания КСЗИ.

Технико-экономическое обоснование внедрения КСЗИ должно быть частью политики безопасности и учитывать:

– оценку вероятности возможных угроз и величины возможных потерь;

– план реализации и поддержания политики безопасности;

– предложения по совершенствованию и развитию КСЗИ;

– оценку ожидаемой эффективности КСЗИ с учетом эффективности ее подсистем, их стоимости, бесконфликтности с используемым на объекте программным обеспечением и простоты эксплуатации.

Разработка *проектно-сметной документации* включает:

– разработку схем размещения оборудования в помещениях предприятия заказчика;

– расчет количества необходимых монтажных материалов;

– расчет трудоемкости внедрения технических средств;

– составление спецификаций оборудования;

– разработку пояснительной записки с описанием используемых технических средств безопасности;

– составление сметы затрат на поставку средств безопасности, монтажных материалов и проведение монтажных работ;

– разработку плана поэтапного ввода в строй технических средств безопасности.

Внедрение технических средств КСЗИ предусматривает поэтапный ввод в строй технических средств согласно разработанной проектно-сметной документации.

Эксплуатация и последующее сервисное обслуживание КСЗИ включают:

– организацию обучения персонала использованию технических, программных и программно-аппаратных средств безопасности;

– консультационную помощь по техническим и организационным вопросам;

– гарантийное и послегарантийное сервисное обслуживание оборудования.

3.2. Требования к составу предоставляемой информации

Требования к составу предоставляемой информации зависят от согласования сторон (исполнителя и заказчика) по сведениям, составляющие служебную или коммерческую тайны. В основном информация предоставляется на этапе изучения фактического состояния объекта, но по мере проведения работ список данных может уточняться и конкретизироваться.

Информация об имеющихся средствах вычислительной техники:

– серверные платформы – количество серверов, применяемые аппаратные платформы, аппаратное обеспечение, операционные системы, в том числе наименование, полная версия, полные версии заплат (path, service pack), поддерживаемые системные задачи с привязкой к серверам, используемые сетевые протоколы, документация производителей средств вычислительной техники, собственная технологическая документации, использование встроенных средств защиты информации и возможностей по архивированию;

– информация о топологии сети и сетевых соединениях – карта сети, наложение информационных потоков на карту сети, распределение серверов по сегментам сети, наличие на них критичной информации, распределение рабочих станций по сегментам сети, наличие на них критичной информации, наличие доступа к критичной информации в сети, используемые Internet-сервисы, организация выхода в Internet, наличие собственного WWW-узла внутреннего/внешнего, доступ с WWW-узла к системам управления базами данных и системам электронного документооборота, поддерживаемые протоколы обмена данными, системное сетевое программное обеспечение, в том числе наименование, полная версия, полная версия заплат (patch), типы применяемого сетевого оборудования, версии операционных систем маршрутизаторов, коммутаторов, особенности их настройки, системы управления сетевым оборудованием, документация производителей на сетевое оборудование, собственная технологическая документация, использование встроенных средств защиты информации – наличие криптографических протоколов и специального канального оборудования для шифрования критичного трафика, проекты развития и изменения информационной системы предприятия, наложение информационных потоков циркуляции информации на карту сети;

– информация об используемых клиентских и невключенных в сеть рабочих местах – количество, тип, место установки и назначение, аппаратные платформы, аппаратное обеспечение, фирма-производитель, фирма-поставщик, описание, операционные системы, в том числе наименование, полная версия, полные версии заплат (path, service pack), использование штатных (приобретенных) средств защиты от несанкционированного доступа;

– информация о программном обеспечении: перечень специальных систем – системы управления базами данных, электронный документооборот, банк-клиент с привязкой к конкретным серверам и клиентским рабочим местам, перечень прикладных программ сторонних производителей с привязкой к конкретным серверам и клиентским рабочим местам, перечень прикладных программ собственной разработки с привязкой к конкретным серверам и клиентским рабочим местам, решаемые задачи программного обеспечения, производитель, Internet-ссылка на сайт производителя, полная версия программного продукта и заплат (patch), операционные системы, в томчисле наименование, полная версия, полные версии заплат (path, service pack), сертификаты и документация производителя, доступные различным категориям пользователей функции, специальные возможности прикладного программного обеспечения, наличие критичных для предприятия процессов электронной обработки и передачи данных;

– информация о специальных системах, поддерживающих и контролирующих работу информационной системы – имеющиеся средства архивирования, режим их работы, места хранения архивов, системы протоколирования действий пользователей, в том числе встроенные системы протоколирования СУБД, ЭДО, клиент-банка и прочее, средства системного аудита, авторизации и аутентификации, системы мониторинга сети;

– общие данные о функционировании информационной системы – наличие ответственного администратора сети, наличие ответственного администратора безопасности сети, порядок назначения прав по доступу к критичным ресурсам, регламент резервирования и восстановления критичной информации, регламент функционирования в критических и внештатных ситуациях;

– данные о критичности информационных ресурсов по отношению к технологии предприятия.

Информация для контроля и наблюдения за доступом в помещениях:

– по территории – количество отдельных зданий, общая протяженность периметра, наличие системы освещения территории, климатические условия (критические температуры летом и зимой);

– по каждому зданию – количество этажей, этажное распределение помещений, общее количество помещений, общее количество персонала (постоянные, временные, разовые);

– в случае необходимости персональной идентификации персонала – предпочтения по типу идентификаторов пользователей (обычные пропуска, Proximity (дистанционные), Touch Memory (контактные), магнитные карты);

– режимы работы (сменность);

– по критичным помещениям нагруженность проходов в сутки – материал, масса, исполнение, толщина, дизайн двери;

– количество персонала и посетителей для данного помещения;

– проходные зданий – общее количество проходных, режимы работы (сменность);

– посты охраны и службы безопасности – количество, назначение, расположение;

– документация – строительные планы с указанием расположения помещений, зон, проходных, постов охраны, службы безопасности, схема размещения и коммутации сети электропитания и заземления объекта, схема размещения и коммутации пожарной и охранной сигнализации объекта.

Информация для защиты от утечки речевой информации:

– сведения об объекте – количество зданий, количество этажей, этажное распределение помещений каждого здания, общее количество помещений каждого здания, общее количество персонала: постоянные, посетители, разовые.

– по критичным помещениям – количество персонала и посетителей для данного помещения;

– документация – строительные планы с указанием расположения помещений, зон, проходных, постов охраны, службы безопасности, схема вентиляции помещений объекта, схема размещения и коммутации сети электропитания и заземления объекта, схема размещения и коммутации пожарной и охранной сигнализации объекта, схема размещения и коммутации линий связи, схема отопительной арматуры.

Информация об имеющихся средствах обеспечения информационной безопасности:

– информация о существующих технических средствах защиты информации, производитель, Internet-ссылка на сайт производителя, полная версия, полная версия заплат (patch), операционная система, сертификаты и документация производителей, схема установки – межсетевые экраны, системы мониторинга безопасности, системы сканирования, криптографические средства, средства предотвращения НСД, средства аудита безопасности, механические средства защиты от взлома и краж, анализаторы протоколов и трафика;

– принятая политика генерации, смены и блокировки реквизитов для разрешения доступа к информационным ресурсам ЛВС в различных ситуациях, в том числе при увольнении, переводе, совместительстве, отпуске сотрудника;

– сведения о существующих технических средствах выявления и локализации средств перехвата информации и каналов утечки информации – перечень технических средствах выявления и локализации средств перехвата информации и каналов утечки информации, техническая документация на поисковые средства, методические материалы по использованию поисковых средств;

– сведения о существующих технических средствах управления и контроля доступа, видеонаблюдения, пожарно-охранной сигнализации на объекте – перечень средств управления и контроля доступа, видеонаблюдения, пожарно-охранной сигнализации на объекте, техническая документация на технические средства, методические материалы по использованию технических средств.

Информация об организационной структуре:

– общая информация об организации – иерархическая структура отделов, система их взаимодействия и подчинения, количественный состав по отделам, средняя квалификация и стаж работы, сведения о степени конфиденциальности данных, хранящихся, обрабатываемых, хранящихся и передаваемых по каналам связи, в том числе с использованием средств вычислительной техники, руководящие документы (приказы, распоряжения, инструкции) по вопросам хранения, обработки и передачи информации, доступа в помещения, положение о защите информации в организации, перечень сведений, составляющих коммерческую или служебную тайны в организации;

– информация технологического характера о функционировании предприятия заказчика – технологические связи между отделами, направления движения потоков данных, технология доступа к критичным ресурсам, служебные инструкции персонала, руководства для администраторов безопасности и персонала, работа систем электронного документооборота, планы эксплуатационных и сервисных мероприятий, критичные для предприятия процессы обработки и передачи данных, проекты развития и доработки информационных систем, информация о размещении критичных помещений, места хранения ценностей и данных, информация об управлении и контроле доступа в критичные помещения.

3.3. Требования к отчетной документации

Отчетная документация на этапе анализа риска представляется в составе следующих логических разделов:

– описание имущества – раздел должен содержать в табличной форме сведения о количестве и конфигурации средств вычислительной техники, а также иных средств защиты информации в каждом подразделении, характере решаемых с их помощью задач, использовании мер защиты, наличии информации, критичной к нарушению конфиденциальности, целостности, доступности и подлинности;

– раздел анализа риска по отношению к конфиденциальности, целостности, доступности и подлинности информации должен содержать – описание угроз, вероятность утечки по данному каналу, приблизительную оценку ущерба от утечки;

– раздел анализа угроз по отношению – к информации, обрабатываемой, хранимой и передаваемой с помощью СВТ, информации, циркулирующей в проводных и эфирных каналах связи, информации и материальных ценностей, хранящихся в защищенных помещениях, информации, используемой во внутреннем документообороте;

– раздел о типовой модели нарушителя – должен описывать потенциальные возможности нарушителя по перехвату информации в каналах связи, из помещений объекта с помощью технических средств, организации преднамеренной утечки информации по естественным и искусственным каналам, в проводных и эфирных каналах связи.

Отчетная документация на этапе разработки политики безопасности представляется пакетом документов, включающим следующее:

– рекомендации по обеспечению безопасности информации в автоматизированных системах – документ (раздел) должен содержать описание рекомендуемых организационных мероприятий и технических средств защиты, основанных на использовании подсистемы безопасности ОС, а также характерные атаки для данной среды и меры противодействия им;

– рекомендации по обеспечению безопасности информации, передаваемой по каналам связи и системе внутреннего электронного документооборота между подразделениями организации – документ (раздел) должен содержать описание рекомендуемых организационных мероприятий и технических средств защиты в каналах связи, помещениях и системе внутреннего документооборота, а также порядок генерации, распределения, смены и хранения криптографических ключей;

– рекомендации по обеспечению защиты информации в помещениях – документ (раздел) должен содержать организацию работ по выявлению естественных и искусственных каналов утечки информации, перечень рекомендаций по предотвращению утечки информации по указанным каналам;

– рекомендации по обеспечению защиты информации в проводных и эфирных каналах связи – документ (раздел) должен содержать перечень рекомендаций по предотвращению утечки информации в проводных и эфирных каналах связи, рекомендации по организации поиска закладных устройств, перечень и технические характеристики поисковой аппаратуры, способы ее применения;

– рекомендации по защите помещений и объектов от несанкционированного доступа – документ (раздел) должен содержать описание организационных мероприятий и технических средств по обеспечению безопасности объектов и критичных помещений от несанкционированного доступа, перечень рекомендаций по предотвращению доступа в помещения посторонних лиц и организации контроля доступа на объект;

– политика информационной безопасности предприятия – документ должен описывать цели системы безопасности, необходимый уровень защищенности информации, модель нарушителя, основные методы достижения целей защиты, правовую основу системы безопасности, перечень организационных и технических мероприятий, необходимых для введения в действие и поддержания системы безопасности в соответствии с рекомендуемым планом;

– технико-экономическое обоснование использования технических средств безопасности – документ должен содержать экономическое обоснование представленных рекомендаций: обзор и сравнительный анализ технических средств безопасности с учетом их эффективности, стоимости, бесконфликтности с используемым на объекте оборудованием, простоты эксплуатации;

– рекомендации в части организационно-распорядительной документации, включающие – положение о служебной или коммерческой тайне, рекомендации и методики разработки основных технологических инструкций по безопасности информации, в которых выявлены недостатки при проведении работ, рекомендации по корректировке положений и должностных инструкций в части защиты информации;

– требования к заказываемому программному обеспечению, порядок сдачи-приемки программного обеспечения в эксплуатацию;

– методики отнесения сведений к категории коммерческой или служебной тайны;

– обязанности должностных лиц по выполнению мер безопасности, правила назначения полномочий, порядок эксплуатации средств безопасности;

– ответственность сотрудников за нарушение правил доступа к информации, формы контракта и подписки о неразглашении коммерческой тайны при приеме и увольнении с работы.

Типовые *требования к срокам и этапам проведения работ* представлены в табл. 1.

3.4. Требования к анализу рисков информационной безопасности

Анализ риска позволяет эффективно управлять информационной безопасностью предприятия. В начале работ по анализу риска определяется, что именно подлежит защите на объекте заказчика, воздействию каких угроз это подвержено, и вырабатывают рекомендации по практике защиты.

Таблица 1

Сроки и этапы проведения работ

Наименование этапа	Место проведения	Сроки проведения	Отчетные документы
1. Сбор заказчиком и предоставление исполнителю комплекта технической, проектной, управленческой документации в соответствии ТЗ, необходимой для проведения научно-исследовательских работ по определению и систематизации перечня угроз информационной безопасности	Город	Дни	Акт приема-передачи документации

2. Составление на основании данных, полученных от заказчика плана мероприятий по проведению научно-исследовательских работ	Город	Дни	План мероприятий
3. Выезд на объект для дополнительного сбора информации в соответствии с ТЗ и, в случае необходимости, проведения инструментальных проверок и других работ на месте	Город	Дни	
4. Проведение научно-исследовательских работ по определению и систематизации перечня угроз, вероятности утечки по выявленным каналам, оценка потенциально возможного ущерба и формирование выводов, оформление отчета	Город	Дни	Отчет по исследованию защищенности объекта

Окончание табл. 1

Наименование этапа	Место проведения	Сроки проведения	Отчетные документы
5. Согласование отчета с заказчиком	Город	Дни	
6. Разработка политики безопасности, технико-экономического обоснования применяемых средств безопасности, организационно-распорядительных и технологических документов	Город	Дни	Пакет документов на этапе разработки политики безопасности
7. Согласование, отработка за-	Город	Дни	Акт выполнен-

мечаний и защита отчетных документов по этапам 4 и 6.			ных работ по договору
ИТОГО:			

Анализ риска производится исходя из непосредственных целей и задач по защите конкретного вида информации конфиденциального характера. Одной из важнейших задач в рамках защиты информации является обеспечение ее целостности и доступности. Часто забывается, что нарушение целостности может произойти не только вследствие преднамеренных действий, но и по ряду других причин:

– сбоев оборудования, ведущих к потере или искажению информации;

– физических воздействий, в том числе в результате стихийных бедствий;

– ошибок в программном обеспечении (в том числе недокументированных возможностей).

Для проведения анализа риска наши специалисты определяют или адаптируют для конкретного заказчика:

– общую стратегию и тактику проведения потенциальным нарушителем «наступательных операций и боевых действий»;

– возможные способы проведения атак на систему обработки и защиты информации;

– сценарий осуществления противоправных действий;

– характеристики каналов утечки информации и НСД;

– вероятности установления информационного контакта (реализации угроз);

– перечень возможных информационных инфекций;

– способы применения и тактико-технические возможности средств ведения технической разведки;

– модель нарушителя;

– методику оценки информационной безопасности.

Кроме того, для построения надежной системы защиты информации предприятия специалисты исполнителя:

– выявляют все возможные угрозы безопасности информации;

– оценивают последствия их проявления;

– определяют необходимые меры и средства защиты с учетом требований нормативных документов, экономической целесообразности, совместимости и бесконфликтности с используемым программным обеспечением;

– оценивают эффективность выбранных мер и средств защиты.

Анализ риска может проводиться в соответствии с существующими методиками. Одна из них имеет следующий сценарий, состоящий из шести этапов. Этапы могут детализироваться в каждом конкретном случае для того или иного объекта заказчика.

На первом и втором этапах определяются сведения, составляющие для предприятия коммерческую тайну, которые предстоит защищать. Такие сведения должны храниться в определенных местах и на конкретных носителях. Определяющим фактором в технологии обращения с информацией является архитектура автоматизированной системы, которая во многом определяет защищенность информационных ресурсов предприятия. Поэтому степень информационной безопасности определяется не только (а может быть и не столько) средствами и способами защиты, но и особенностями построения АС. И когда говорят об АС в защищенном исполнении, речь идет, прежде всего, о выборе такой архитектуры (топологии) системы обработки информации, расположения средств обработки конфиденциальной информации, выбора способов ее хранения и передачи, которые в значительной степени уменьшат количество мест доступа к информации.

Третий этап анализа риска – построение каналов доступа, утечки или воздействия на информационные ресурсы основных узлов АС. Каждый канал доступа характеризуется множеством точек, с которых можно «снять» информацию. Именно они и представляют угрозы на уровне применения средств недопущения нежелательных воздействий на информацию.

Четвертый этап связан с анализом способов защиты всех возможных точек атак, соответствующих целям защиты, и его результатом должна быть характеристика возможных брешей в обороне, в том числе за счет неблагоприятного стечения обстоятельств.

На пятом этапе, исходя из известных на данный момент способов и средств преодоления оборонительных рубежей, определяются уязвимости (вероятности реализации угроз) по каждой из возможных точек атак.

На заключительном этапе (шестом) производится оценка ущерба организации в случае реализации каждой из атак, который вместе с оценками уязвимости позволяет получить ранжированный список угроз информационным ресурсам.

Результаты работы представляются в виде, удобном для их восприятия и выработки решений по коррекции существующей системы защиты информации. Предполагается, что каждый информационный ресурс подвержен воздействию нескольких потенциальных угроз. Принципиально же интересует суммарная вероятность доступа к информационным ресурсам, которая складывается из элементарных вероятностей доступа к отдельным точкам прохождения информации. Величина информационного риска по каждому ресурсу определяется как произведение вероятности нападения на ресурс, вероятности реализации угрозы и ущерба от информационного вторжения. В этом произведении могут использоваться различные способы взвешивания составляющих.

Сложение рисков по всем ресурсам дает величину суммарного риска при принятой архитектуре АС и внедренной в нее системы защиты информации.

Таким образом, варьируя варианты построения системы защиты информации и архитектуры КИС, специалисты компании исполнителя представляют заказчику различные значения суммарного риска за счет изменения вероятности реализации угроз. Здесь весьма важным шагом является выбор одного из вариантов в соответствии с выбранным критерием принятия решения. Таким критерием может быть допустимая величина риска или отношение затрат на обеспечение информационной безопасности к остаточному риску. При построении систем обеспечения информационной безопасности также нужно определить стратегию управления рисками на предприятии. На сегодня известно несколько подходов к управлению рисками. Один из наиболее распространенных – уменьшение риска путем использования соответствующих способов и средств защиты. Близким является подход, связанный с уклонением от риска. От некоторых классов рисков можно уклониться: например, вынесение web-сервера организации за пределы локальной сети позволяет избежать риска несанкционированного доступа в локальную сеть со стороны web-клиентов.

Наконец, в некоторых случаях допустимо принятие риска. Специалисты компании исполнителя могут помочь заказчику определиться со следующей дилеммой: что для него выгоднее – бороться с рисками или же с их последствиями. В этом случае приходится решать оптимизационную задачу.

После того как определена стратегия управления рисками, производится окончательная оценка мероприятий по обеспечению информационной безопасности с подготовкой экспертного заключения о защищенности информационных ресурсов. В экспертное заключение включаются все материалы анализа рисков и рекомендации по их снижению.

Проведение анализа рисков и оценки потерь требуют глубоких системных знаний и аналитического мышления во многих смежных областях проблемы защиты информации. В противном случае построить надежную систему информационной безопасности на выделенные средства в заданные сроки невозможно.

4. ФОРМИРОВАНИЕ ТЕХНИЧЕСКОГО ЗАДАНИЯ НА ПОСТРОЕНИЕ ОТДЕЛЬНЫХ ПОДСИСТЕМ КСЗИ

4.1. Система контроля и управления доступом (СКУД)

Нормативная база по разработке СКУД включает стандарты [24–32]. Работа заказчика и исполнителя по внедрению системы контроля и управления доступом на предприятие начинается с формирования общего технического задания на разработку СКУД, которое содержит информацию, предоставляемую заказчиком для составления предварительных предложений по проекту.

Обязательной для предоставления на этом этапе является следующая информация, отражающая общее концептуальное изложение задачи:

– общее количество пользователей системы;

– предпочтительный тип идентификаторов пользователей – дистанционные (Proximity) или контактные (Touch Memory);

– необходимость размещения на идентификационном удостоверении фотографии сотрудника, логотипа компании и т.п.;

– количество объектов (отдельных зданий, групп помещений), выделенных для включения в состав СКУД;

– общее количество проходных и КПП для транспорта, включаемых в состав СКУД;

– максимальная нагрузка на каждую проходную – человек/час (необходима для расчета количества турникетов или других средств управления доступом);

– количество автоматизированных рабочих мест (АРМ) для управления СКУД (АРМ администраторов безопасности, АРМ службы охраны, АРМ бюро пропусков и пр.);

– необходимость взаимодействия АРМ управления различных объектов;

– наличие корпоративной сети, связывающей объекты (АРМ системы управления доступом должны располагаться в пределах ЛВС);

– необходимость в оснащении бюро пропусков комплексом для оперативного изготовления идентификационных удостоверений с фотографиями пользователей.

Для более детального анализа необходимо наличие следующих сведений о предприятии:

– архитектурные, строительные планы, чертежи или масштабные схемы с указанием расположения защищаемых помещений или зон, размещения проходных, помещений для расположения АРМ управления;

– структура корпоративной сети, наличие выделенных каналов передачи данных, телефонной сети;

– необходимость защиты АРМ СКУД от несанкционированного доступа;

– необходимость во взаимодействии СКУД со средствами видеонаблюдения и видеорегистрации, с системами охранной сигнализации;

– климатические условия в районе расположения объектов.

Территория предприятия условно делится на объекты размещения СКУД (отдельные здания, группы помещений). Заказчик представляет исполнителю следующую информацию по каждому объекту:

– наименование или назначение объекта;

– количество проходных, контролируемых входов, КПП для транспорта;

– количество пользователей системы на объекте;

– необходимость протоколизации действий службы охраны по пропуску посетителей через проходную;

– количество защищаемых помещений с распределением их по этажам (блокам) с количеством контролируемых в них дверей;

– необходимость оснащения объекта (блока, помещения, отдельной двери) аудио- или видеодомофоном для приема посетителей;

– наличие ЛВС на объекте (для организации взаимодействия АРМ).

Информация о проходные в зданиях:

– планируемое исполнение проходных (турникеты, тамбур – шлюзы в виде дверей, шлюзовые кабины автоматические, шлюзовые кабины полуавтоматические, шлагбаумы, раздвижные ворота), их количество;

– необходимость установки на проходных металлодетекторов;

– тип операционной системы, структура локальной сети в пределах каждого объекта;

– наличие резервного питания и общей шины заземления в здании.

Информация по каждой двери индивидуально (или предельные параметры в целом):

– загруженность проходов в сутки (ориентировочно);

– количество пользователей для данной двери (ориентировочно);

– наличие и необходимость резервирования по питанию;

– необходимость установки системы дистанционного отпирания двери изнутри помещения для посетителя, не вставая с рабочего места, метраж кабеля от двери до системы дистанционного отпирания (ориентировочная);

– необходимость протоколизации проходов пользователей для данной двери;

– исполнение двери (деревянная, металлическая, профилированная, стеклянная).

После обсуждения общего технического задания представители исполнителя и заказчика приступают к следующему этапу – работе над техническим заданием (ТЗ) на внедрение СКУД.

В ТЗ указывается цель работ: оснащение конкретных объектов, зданий, помещений заказчика системой контроля и управления доступом с кратким описанием совместно решаемой задачи и предполагаемого результата от ее реализации.

Типовое ТЗ содержит следующий состав работ по проекту:

– разработка проектно-сметной документации для оснащения объекта системой контроля и управления доступом, которая включает следующее: пояснительная записка; структурная (функциональная) схема системы; схема размещения оборудования системы; схема электрических соединений элементов системы; спецификация поставляемого оборудования и программного обеспечения; спецификация монтажных и пусконаладочных работ; спецификация работ по сервисному обслуживанию;

– согласование проекта оснащения объекта системой контроля и управления доступом со службой безопасности, обслуживающей объект;

– выполнение оговоренного договором объема монтажных и пуско-наладочных работ;

– оформление производственной документации, необходимой при сдаче системы в эксплуатацию включающей схему размещения оборудования системы контроля доступа на архитектурных чертежах;

– разработка комплекта эксплуатационной документации, включающей инструкции изготовителя на смонтированные элементы системы и пользователя системы на каждое автоматизированное рабочее место.

– другие работы.

Типовое ТЗ включается в раздел «Общие сведения», который содержит информацию:

– об объектах, подлежащих оснащению системой контроля и управления доступом, которые представляют собой административные, производственные, складские, бытовые помещения, производственные площадки или внутренние территории с КПП, используемые для характеристики деятельности;

– о решаемых разрабатываемой системой задачах – контроль и управление доступом сотрудников и посетителей на территорию объекта заказчика; контроль и управление доступом сотрудников и посетителей в одно или ряд зданий, помещений; контроль и управления въезда/выезда транспорта (авто, железнодорожного, специального) через КПП объекта; автоматическое ведение баз данных проходов в пределах защищаемого объекта;

– о необходимости, при разработке проектно-сметной документации, руководствоваться действующими нормативными документами по строительству, а также ведомственными и прочими документами, предоставленными заказчиком;

– о климатических условиях – температурный режим, глубина промерзания грунта, сейсмичность.

Важной частью ТЗ является раздел «Требования к проектируемой системе», включающий следующие сведения.

Перечень и характеристики защищаемых объектов:

– количество оснащаемых отдельных объектов – перечень защищаемых объектов, отдельных зданий, выделенных этажей, групп помещений;

– общее количество пользователей системы – предполагаемое максимальное количество сотрудников, посетителей, единиц транспорта;

– исходная информация о каждом оснащаемом объекте;

– исходная информация о структуре корпоративной вычислительной сети и линиях связи в виде структуры и схем корпоративной сети, связывающей объекты, а также структурных схем, выделенных и коммутируемых линий связи;

– другие сведения – выкопировки генплана объекта, архитектурные чертежи зданий, схемы территории объекта.

Технические требования к системе и ее составным частям:

– требования к технологии работы системы – описание общей тактики прохода, структуры и приоритетности защищаемых зон прав и обязанностей охранников и контроллеров КПП;

– требования по функциональным возможностям системы – регистрация и протоколирование тревожных и текущих событий; приоритетное отображение тревожных событий; управление работой преграждающими устройствами в точках доступа по командам оператора; задание временных режимов действия идентификаторов в точках доступа «окна времени» и уровней доступа; защита технических и программных средств от несанкционированного доступа к элементам управления, установки режимов и к информации; автоматический контроль исправности средств, входящих в систему, и линий передачи информации; возможность автономной работы контроллеров системы с сохранением контроллерами основных функций при отказе связи с пунктом централизованного управления; установка режима свободного доступа с пункта управления при аварийных ситуациях и чрезвычайных происшествиях; блокировка прохода по точкам доступа командой с пункта управления; обеспечение возможности дальнейшего расширения (добавление новых точек контроля и новых автоматизированных рабочих мест);

– требования к характеристикам системы – максимальное количество регистрируемых карт пользователей; время разрешенного прохода; количество расписаний проходов; наличие режима AntiPassBack; номинальная/максимальная потребляемая мощность; наличие резервного питания; режим работы системы;

– требования по особенностям функционирования системы – количество и расположение АРМ системы (администратора безопасности, бюро пропусков, службы охраны, службы персонала); бюро пропусков должно быть оснащено комплексом для оперативного изготовления идентификационных удостоверений с фотографиями сотрудников и другим специальным оборудованием; обеспечение взаимодействия в реальном масштабе времени для перечня взаимодействующих АРМ; обеспечение возможности интеграции системы со средствами обеспечения безопасности компьютерных систем (с указанием на каких компьютерах, АРМ, серверах, объектах вычислительной техники); предпочтительный тип идентификаторов пользователей (Proximity-дистанционные, IButton, Touch Memory-контактные).

Дополнительные требования по функционированию системы:

– требования по совместимости с действующими технологиями – необходимость и условия совместимости с существующими или проектируемыми системами (элементами) контроля и управления доступом, исполнительными устройствами (турникетами, тамбур-шлюзами в виде дверей, шлюзовыми кабинами автоматическими, полуавтоматическими), системами видеонаблюдения, охранно-пожарной сигнализации, системой оповещения;

– требования по совместимости с используемым технологическим оборудованием – необходимость и условия совместимости с существующими (или проектируемыми) системами (элементами) технологического процесса на объектах;

– другие специальные требования – особые требования к техническим, эксплуатационным характеристикам, дизайну применяемого оборудования, наличию сертификата соответствия РФ на все применяемое оборудование;

– требования к исполнительным механизмам – требования к типам замков, турникетов, шлюзовых кабин, замочно-переговорных устройств, особенностям размещения контроллеров (к месту и способу установки контроллеров, подведения к ним информационных шлейфов и шин питания);

– требования к прокладке кабельных трасс требования к типу кабеля, исполнению кабельных трасс или коробов (гофрошлангов, труб);

– требования к местам подключения контроллеров, блоков управления исполнительными устройствами к распределительным щитам ~220В, а также местам вертикальной прокладки кабелей между этажами.

Условия готовности объектов к началу выполнения работ. Работы на объекте начинаются после подписания плана проведения работ, содержащего календарный план проведения монтажных и пусконаладочных работ. В плане определяется перечень работ по внедрению СКУД с указанием начала и окончания каждого из этапов, указания взаимных обязательств сторон по организационному, материально-техническому и иному сопровождению работ.

В ТЗ указывается перечень условий, после выполнения которых, объект считается готовым к началу производства монтажных работ. Такими условиями могут быть: обеспечения электропитанием ~220 В в объеме согласованных между заказчиком и исполнителем требований, согласование между заказчиком и исполнителем мест вертикальной прокладки кабелей между этажами.

Производственная документация, оформляемая при приемке СКУД в эксплуатацию, включает следующее:

– акт о приемке технических средств СКУД в эксплуатацию;

– акт о выявленных дефектах;

– ведомость смонтированных узлов (блоков) СКУД и установленного программного обеспечения;

– акт освидетельствования скрытых работ (при монтаже электрических проводок).

4.2. Система охранного телевидения (ОТ)

Источники [33-36] включают стандарты по разработке СКУД. Работа заказчика и исполнителя по внедрению системы охранного видеонаблюдения начинается с формирования общего технического задания, которое содержит информацию, предоставляемую заказчиком для составления предварительных предложений по проекту.

Обязательной для предоставления на этом этапе является следующая информация, отражающая общее концептуальное изложение задачи:

– название и назначение объекта, для которого проектируется система видеонаблюдения;

– цели наблюдения в дневном и ночном режиме (по приоритету), например: днем – идентификация личности, определение номера въезжающего автомобиля, ночью – обнаружение автомобиля или человека (с предоставлением планов зон контроля и прилегающей территории);

– посты наблюдения и управления комплексом – количество независимых постов наблюдения (с указанием мест их размещения на планах);

– необходимость видеорегистрации на магнитофоны длительной записи – непрерывно; по усмотрению оператора; по сигналу охранных датчиков;

– необходимость одновременного просмотра на одном мониторе всех видеокамер комплекса – всегда; только в режиме непосредственного наблюдения за объектом;

– необходимость выполнять охранные функции (детекторы движения);

– необходимость моментальной распечатки интересующих кадров на видеопринтере;

– необходимость согласованной работы комплекса с персональным компьютером (компьютерами), с указанием количества и расположение АРМ видеонаблюдения, структуру компьютерной сети на объекте.

Для более *детального анализа* необходимо наличие следующих сведений о предприятии:

– архитектурные, строительные планы, чертежи или масштабные схемы с указанием расположения защищаемых помещений или зон, размещения постов наблюдения на объекте;

– общие требования к системе видеонаблюдения – цветная, черно-белая, комбинированная;

– световая обстановка или условия видимости (по каждой зоне контроля);

– срок хранения видеозаписей в архиве (обычно один месяц);

– климатические условия (по каждой зоне контроля);

– наличие и расположение щитов электропитания вблизи мест установки оборудования и на постах наблюдения, наличие резервного или дублирующего питания;

– необходимость в дополнении системы видеонаблюдения системой автоматизированного управления доступом в помещения и на объекты;

– дополнительные и специальные требования, предъявляемые к комплексу видеонаблюдения – наличие аудиоинформации с охраняемых объектов и возможность расширения системы.

После обсуждения общего технического задания представители исполнителя и заказчика приступают к следующему этапу – работе над техническим заданием на оснащение системой охранной телевизионной.

В ТЗ указывается цель работ: оснащение конкретных объектов, зданий, помещений заказчика системой охранной телевизионной с кратким описанием совместно решаемой задачи и предполагаемого результата от ее реализации.

Состав работ по проекту:

– разработка проектно-сметной документации для оснащения объекта системой охранной телевизионной (СОТ) в соответствии с настоящим ТЗ – пояснительная записка; структурная (функциональная) схема системы; схема размещения оборудования системы; схема электрических соединений элементов системы; спецификация поставляемого оборудования и программного обеспечения; спецификация монтажных и пусконаладочных работ; спецификация работ по сервисному обслуживанию;

– согласование проекта оснащения объекта системой охранной телевизионной со службой безопасности, обслуживающей объект;

– разработка и согласование проекта организации работ, содержащего календарный план проведения монтажных и пусконаладочных работ с учетом необходимого материально-технического и организационного обеспечения со стороны заказчика на каждом из этапов календарного плана;

– выполнение работ в соответствии с проектом организации работ;

– разработка комплекта эксплуатационной документации, включающего инструкции изготовителя на смонтированные элементы системы и инструкции пользователя системы на каждое автоматизированное рабочее место;

– проведение приемосдаточных испытаний на соответствие системы требованиям технического задания с подписанием акта о приемке технических средств системы в эксплуатацию.

Раздел «Общие сведения» содержит информацию:

– объекты, подлежащие оснащению СОТ – административные, производственные, складские, бытовые помещения, производственные площадки, смежные или внутренние территории (с характеристикой деятельности);

– решаемые разрабатываемой системой проблемы – контроль несанкционированного доступа сотрудников или нарушителей на территорию (или с территории) объекта заказчика через проходные и КПП; контроль несанкционированного доступа сотрудников или нарушителей на территорию (или с территории) объекта заказчика через ограждения или запретные зоны; защита людей и материальных ценностей от преступных посягательств в контролируемой зоне охраняемого объекта; контроль за ситуационным положением в выделенном помещении или на территории, прилегающей к объекту заказчика; идентификация личности посетителя или сотрудника объекта при прохождении КПП на основании данных видеотеки; идентификация государственного номера автомашины при проезде КПП объекта на основании баз данных службы охраны или бюро пропусков; контроль за действиями сотрудников определенных служб на объекте заказчика в ходе технологического процесса или исполнения ими своих служебных обязанностей; автоматическая фиксация и хранение в течение определенного времени записи противоправных или иных событий по тревожному извещению с защищаемого объекта; автоматическая фиксация и хранение в течение определенного времени (указать размер архива, обычно один месяц) всех событий с охраняемого объекта или территории;

– о необходимости при разработке проектно-сметной документации руководствоваться действующими государственными стандартами, нормативными документами по строительству, а также ведомственными и другими документами, предоставленными заказчиком (наименования документов);

– климатические условия (температурный режим, глубина промерзания грунта, сейсмичность).

Важной частью ТЗ является раздел «Требования к проектируемой системе», включающий следующие сведения.

Перечень и характеристики защищаемых объектов:

– количество отдельных зон, участков, объектов, оснащаемых системой (перечень защищаемых зон, территорий, отдельных зданий, выделенных участков);

– исходная информация о каждом объекте, оснащаемом системой в виде схем (описаний) размещения видеокамер на объектах, с указанием цели и места ее установки;

– исходная информация о каждом посте наблюдения, оснащаемом системой в виде схем (описаний) размещения постов охраны СОТ;

– другие сведения (выкопировки генплана объекта, архитектурные чертежи зданий, схемы территории объекта).

Технические требования к системе и ее составным частям:

– требования к технологии работы системы (описание общей тактики отображения и записи информации, структуры и приоритетности защищаемых зон, порядка и уровня совмещения с взаимодействующими системами, прав и обязанностей охранников и контролеров КПП и т.п.);

– требования по функциональным возможностям системы – СОТ должна обеспечивать возможность круглосуточной работы; синтез телевизионных изображений, полученных от всех телевизионных камер; приоритетное отображение тревожных событий; передачу изображений охраняемого объекта на пост наблюдения (охраны); передачу сигналов управления системой с поста наблюдения (охраны); запись изображений в режимах длительного времени записи/записи в реальном времени; автоматическое переключение из режима длительного времени записи в режим записи в реальном времени при получении извещения о тревоге и обратно в режим длительного времени записи по истечении заданного времени; одновременную запись на один видеонакопитель изображений от нескольких телевизионных камер; одновременную запись текущего изображения и воспроизведение ранее записанных изображений; автоматический вывод изображения от камеры, в контролируемой зоне которой произошло тревожное событие, на дополнительный монитор; откат видеограмм (видеофонограмм); вывод стоп-кадра на отдельный видеомонитор без остановки записи (вручную оператором, автоматически при переходе системы в состояние тревоги); наличие энергонезависимой памяти для хранения установленных параметров при пропадании напряжения питания; передачу информации для последующего анализа и хранения на ПК; автоматическое управление диафрагмой (электронным затвором) видеокамеры (видеокамер); компенсацию засветок цели сзади; автоматический контроль работоспособности отдельных технических средств, входящих в состав системы, и линий передачи информации с выдачей сигнала «авария» или «тревога» при неисправном состоянии; вывод на экран монитора служебной информации (текущее время, текущая дата, номер и/или имя телекамеры, режим записи, дата и время перехода системы в состояние тревоги); возможность дальнейшего расширения путем добавление новых телекамер и постов наблюдения (охраны);

– требования к характеристикам системы – разрешение системы (для каждого видеоканала); рабочий диапазон освещенностей (для каждой зоны видеонаблюдения); время реагирования системы на тревожное событие (для каждого видеоканала); технические характеристики устройств обнаружения движения для каждого видеоканала, оборудованного детектором движения (минимальный диапазон обнаруживаемой цели, минимальный контраст обнаруживаемой цели относительно фона, диапазон скоростей движения цели); технические характеристики устройств управления и коммутации видеосигналов (разрешение, отношение сигнал/шум, вид входного сигнала извещения о тревоге, максимальные коммутируемые напряжения и ток); технические характеристики видеомониторов (разрешение, максимальная яркость изображения, геометрические и нелинейные искажения изображения);

– требования по необходимости обеспечения нормальной устойчивости СОТ от прогнозируемых несанкционированных действий (НСД) и/или размещаться в помещениях, местах (сейфах, боксах и др.), защищенных от разрушающих механических НСД (по ГОСТ Р 50862) и несанкционированного доступа к программному обеспечению (по ГОСТ Р 51241);

– требования по особенностям функционирования системы – СОТ должна обеспечивать разграничение прав пользователей/операторов на программном и аппаратном уровнях;

– требования по электропитанию – основное электропитание системы должно осуществляться от сети переменного тока по ГОСТ 13109; система и/или отдельные элементы системы должны иметь резервное питание; вид резервного питания по переменному или постоянному току (с указанием величины напряжения); время работы при пропадании основного питания.

Дополнительные требования по функционированию системы:

– требования по совместимости с действующими технологиями – необходимость и условия совместимости с существующими (или проектируемыми) системами (элементами) контроля и управления доступом, охранно-пожарной сигнализации, системой оповещения и другими;

– требования по совместимости с используемым технологическим оборудованием, необходимость и условия совместимости с существующими (или проектируемыми) системами (элементами) технологического процесса на объектах.

Специальные требования:

– особые требования к техническим, эксплуатационным характеристикам и дизайну применяемого оборудования (наличие сертификата соответствия РФ на все применяемое оборудование);

– требования к видеокамерам, квадраторам, мультиплексорам, другому видеооборудованию (требования к желаемому типу, цвету, внешнему виду видеокамер и другого оборудования);

– особенности размещения видеокамер;

– требования к прокладке кабельных трасс требования к типу кабеля, исполнению кабельных трасс или коробов (гофрошлангов, труб); согласование с заказчиком на стадии производства проектных работ мест подключения видеокамер и оборудования постов охраны к распределительным щитам ~220 В, а также трассировки кабельных трасс.

Порядок проведения монтажных и пусконаладочных работ.

Работы на объекте могут быть начаты только после составления и подписания плана проведения работ, содержащего подробный календарный план проведения монтажных и пусконаладочных работ. В плане определяется перечень работ по внедрению системы охранной телевизионной с указанием начала и окончания каждого из этапов, указания взаимных обязательств сторон по организационному, материально-техническому и иному сопровождению работ.

Производственная документация, оформляемая при приемке СКУД в эксплуатацию, включает следующее:

– акт о приемке технических средств СКУД в эксплуатацию;

– акт о выявленных дефектах;

– ведомость смонтированных узлов (блоков) СКУД и установленного программного обеспечения;

– акт освидетельствования скрытых работ (при монтаже электрических проводок).

4.3. Система охранно-пожарной сигнализации (ОПС)

Стандарты по разработке ОПС приведены в [37–56]. Общее техническое задание на внедрение системы охранно-пожарной сигнализации (ОПС) на предприятие включает следующую обязательную информацию, отражающую общее концептуальное изложение задачи:

– планировки защищаемых помещений с размерами или указанием масштаба;

– назначение (наименование) защищаемых помещений;

– наличие и расположение помещения (поста) охраны с круглосуточным дежурством. Тип существующего пульта централизованного наблюдения (ПЦН) или требования к проектируемому ПЦН;

– есть ли необходимость вывода сигналов системы на пульт централизованного наблюдения (ПЦН) местного отдела вневедомственной охраны (милиции); в этом случае выбор оборудования ограничен разрешенным перечнем;

– наличие и количество телефонных пар, место расположения телефонной коробки (для случая с передачей сигнала на ПЦН);

– с какими существующими или проектируемыми системами сигнализации должна совместно работать разрабатываемая система.

Информация желательная для предоставления:

– рекомендуемое место установки приемно-контрольного прибора (в случае отсутствия помещения охраны с круглосуточным дежурством);

– место расположения силового щита (для питания ППК и периферийной аппаратуры ~220 В);

– наличие на объекте систем принудительной вентиляции, дымоудаления, подпора воздуха, огнезадерживающих клапанов в вентиляционных каналах (для пожарной сигнализации);

– существуют ли подвесные потолки, из какого материала выполнены и есть ли за ними пожарная нагрузка (более пяти силовых кабелей, исключая освещение);

– наиболее уязвимые места для несанкционированного проникновения на объект с точки зрения заказчика (если есть, то его пожелания по конфигурации охраны объекта);

– конструктивный материал дверей, окон, ворот, количество открывающихся створок на этих конструкциях;

– место прокладки кабеля между этажами, наличие закладных труб.

Информация по обеспечению охраны периметра территории техническими средствами сигнализации:

– наименование и назначение защищаемой территории;

– особенности периметра защищаемой территории (например, забор, ограждение, стена здания и т.д.);

– высота и тип ограждения (бетонное, деревянное, сетчатое, металл. решетка и т.п.);

– наличие зоны отчуждения или возможность ее создания;

– общая протяженность периметра, подлежащего защите, площадь защищаемой территории (схемы, планы, геодезические схемы);

– наименование, назначение смежных с защищаемой территорией зданий, строений, сооружений. Их высота, особенности конструкции;

– количество ворот для проездов ж/д и а/м транспорта, калиток, проходных;

– наличие поста (постов) охраны с круглосуточным дежурством на территории объекта, где будет установлено приемное оборудование;

– места и способы складирования и хранения материальных ценностей на защищаемой территории;

– место расположения силового щита (для питания ППК и периферийной аппаратуры ~220 В);

– с какими существующими или проектируемыми системами сигнализации должна совместно работать разрабатываемая система;

– наличие подземных и подвесных коммуникаций на защищаемой территории;

– наиболее уязвимые места для проникновения нарушителя, предполагаемые способы проникновения, по мнению заказчика, для конкретного объекта (подкоп, перелезание, пролом, с соседних зданий, сооружений);

– наличие и количество телефонных пар, место расположения телефонной коробки (для передачи сигнала на систему централизованного наблюдения);

– климатические условия.

После обсуждения общего технического задания представители исполнителя и заказчика приступают к следующему этапу – работе над техническим заданием на внедрение ОПС, в котором указывается цель работ: оснащение конкретных объектов, зданий, помещений заказчика системой автоматической охранно-пожарной сигнализации.

Состав работ по проекту ОПС:

– разработка проектно-сметной документации для оборудования объекта системой автоматической охранно-пожарной сигнализации;

– согласование требований по составу отчетной документации; типовой состав включает – титульный лист; лист общие данные; лист пояснительная записка (краткие описания работы оборудования, комплексов и систем, требования и рекомендации по модификации элементов оборудования для внедрения комплексов и систем, краткие инструкции по монтажу систем и прокладке кабельных трасс); лист схема структурная общая для крупных систем; лист схема электрическая соединений; лист строительные планы помещений (территории) с указанием мест установки оборудования и прокладки кабельных трасс; спецификации оборудования и материалов; смета оборудования, материалов и работ;

– согласование требований по оформлению – документы оформляются с учетом требований действующих стандартов, нормативных и руководящих документов; итоговые документы оформляются исполнителем в соответствии с согласованным сторонами режимом конфиденциальности;

– согласование проекта оборудования объекта системой автоматической охранно-пожарной сигнализации в органах (госпожнадзора МВД, вневедомственной охраны МВД, службе безопасности заказчика);

– выполнение оговоренного договором объема монтажных и пусконаладочных работ;

– оформление производственной документации, необходимой при сдаче системы (приемке технических средств сигнализации) в эксплуатацию в составе – акт о приемке технических средств сигнализации в эксплуатацию; акт о выявленных дефектах; ведомость смонтированных ПКП (СПУ) и извещателей; акт освидетельствования скрытых работ (при монтаже электрических проводок); протокол измерения сопротивления изоляции электропроводок;

– разработка комплекта эксплуатационной документации – инструкции изготовителя на смонтированные ПКП (СПУ) и извещатели; инструкции по порядку приема-сдачи объекта под охрану.

Раздел «Общие сведения» содержит информацию:

– об объектах, подлежащих оборудованию системой автоматической сигнализации (производственные, складские, жилые, бытовые помещения, открытые площадки, участки ограждения), с характеристикой деятельности, для которой они используются;

– о наименованиях нормативных и ведомственных документов по строительству, которыми следует руководствоваться при разработке проектно-сметной документации, предоставляются заказчиком;

– о климатических условиях (температурный режим, глубина промерзания грунта, сейсмичность).

Требования к проектируемой системе включают следующие сведения.

Перечень и характеристики защищаемых объектов:

– исходные данные по проектируемым объектам – генплан или выкопировка из генплана с указанием защищаемых помещений, помещений для размещения оборудования проектируемых систем, помещений выдачи сигналов; чертежи архитектурно-строительные (планы, разрезы с указанием размеров элементов конструкций, плит, балок, колонн); чертежи вентиляции и отопления с указанием размеров венткоробов; схемы электроснабжения и чертежи электроосвещения с указанием расположения распределительных щитов, коробок, светильников; конструктивные чертежи фальшполов и подвесных потолков с указанием размеров элементов; чертежи помещений автономной охраны для размещения приемно-контрольных приборов системы (план, разрез); чертежи блокируемых элементов зданий (окон, витрин, дверей, решеток, люков); чертежи генплана защищаемой площадки (горизонтальная и вертикальная планировка) с нанесением инженерных сетей; чертежи развертки полотна ограждения (фрагменты участков с однотипным ограждением); чертежи ворот и калиток, входящих в линию ограждения;

– источники электропитания систем объектовой сигнализации – два независимых сетевых источника переменного тока напряжением 220 В, 50 Гц, мощностью 1 кВт; сетевой источник переменного тока напряжением 220 В, 50 Гц, мощностью 1 кВт; аккумуляторная батарея (БРП) с указанием места установки;

– помещения, в которых электромагнитные наводки превышают уровень, установленный ГОСТ 23511-79;

– защищаемые помещения, отнесенные к категории особо важных по типу хранящихся там ценностей или степени взрывопожароопасности – наименование помещения или группы помещений, тип хранящихся ценностей, необходимость раздельного подключения;

– помещения, в которых требуется выполнение высотных работ (высотой более 2,5 метров), – наименование помещения или группы помещений, тип хранящихся ценностей, высота помещения.

Технические требования к системе и ее составным частям:

– требования к технологии работы системы – описание общей тактики охраны, структуры и приоритетности защищаемых зон, ведомости шлейфов сигнализации и т.п.;

– требования по функциональным возможностям системы – наименование и расположение помещения, где выдавать сигналы системы с обеспечением круглосуточного дежурства обслуживающего персонала; наименование организации, способ передачи, типы и адреса линий связи, куда выдавать дублирующие сигналы; действия в соответствии с существующей тактикой охраны; обеспечение защиты от несанкционированного доступа квалифицированного злоумышленника; виды сигналов, выдаваемые системой («Принят под охрану», «Снят»,«Тревога», «Пожар», «Неисправность», «Взлом») в защищаемом помещении, на объекте, в помещении охраны, в других органах или организациях;

– требования к характеристикам системы – описание возможностей расширения системы, наращивания технических и функциональных возможностей, требований по надежности, резервированию по питанию, сигнальным линиям связи;

– требования по особенностям функционирования системы – описания дополнительных требований, например, по звуковым и световым оповещателям.

Дополнительные требования по функционированию комплексов и систем:

– требования по совместимости с действующими технологиями – описание требований по включению проектируемой системы в действующий комплекс технических средств охраны;

– требования по совместимости с используемым технологическим оборудованием, строительными конструкциями, зданиями, сооружениями – требования по согласованию функционирования проектируемой системы и действующих или проектируемых систем видеонаблюдения, контроля и управления доступом, систем управления технологическим оборудованием, другого оборудования.

Специальные требования – особые требования к техническим, эксплуатационным характеристикам и дизайну применяемого оборудования, особенностям размещения извещателей, контрольных панелей, линейно-кабельных сооружений.

Условия готовности объектов к началу выполнения работ – перечень согласованных мероприятий и условий, которые должны быть исполнены заказчиком до начала выполнения работ в соответствии с техническим заданием.

4.4. Система противодействия экономическому шпионажу (ПЭШ)

Стандарты по ПЭШ приведены в источниках [57–64]. Общее техническое задание на внедрение системы противодействия экономическому шпионажу (ПЭШ) на предприятие включает следующую обязательную информацию, отражающую общие сведения о защищаемом объекте: название объекта, номер помещения; назначение помещений объекта; заявляемая степень конфиденциальности циркулирующей на объекте информации; площадь помещений объекта; тип наружных стен, перегородки межэтажных перекрытий (потолок, пол, капитальные: бетонные толщиной более 200 мм или кирпичные толщиной более 500 мм); входы в помещения (тамбуры – двойные двери, расстояние между дверями, двери – тип конструкции, наличие уплотнения, запорные устройства); окна (количество проемов, тип остекления, наличие и тип защитных пленок); тип и высота потолков (подвесные с зазором, подшивные, оштукатуренные, иные); описание смежных помещений (примыкающих к стенам объекта, над и под объектом – назначение помещений или характер проводимых в них работ); организация контроля и управления доступом на объект в целом и в выделенные помещения; имеющиеся на объекте средства связи (пользователь средств связи, стандарт или принцип действия, наименование или тип аппаратуры, количество каналов, для линии телефонной связи – количество входящих линий городской и внутренней телефонной сети); система электропитания и освещения (источники питания, расположение трансформаторной развязки); система заземления (наличие, структура контура заземления, сопротивление); тип системы сигнализации; прочие проводные линии – радиотрансляция (местная, городская), марка системы электрочасофикации; наличие специальных технических средств защиты информации; схема помещения и расположения в нем мебели и других предметов интерьера (с указанием основных размеров или масштаба).

Описание обстановки вокруг объекта включает: описание соседних строений (назначение, характер проводимых работ, этажность, расстояние до защищаемого помещения); наличие и удаленность автостоянки; архитектурные или технические особенности помещений, особенности расположения помещений внутри

44

здания; тип системы вентиляции на объекте; система отопления; имеющаяся оргтехника; имеющаяся бытовая техника (телевидение – марка телевизора, кабельное телевидение, антенна внешняя, комнатная).

После обсуждения общего технического задания представители исполнителя и заказчика приступают к следующему этапу – работе над техническим заданием на оснащение системой ПЭШ. Цель работ: оснащение конкретных объектов, помещений на объектах заказчика системой противодействия экономическому шпионажу с кратким описанием совместно решаемой задачи и предполагаемого результата от ее реализации.

Состав работ по проекту:

– разработка проектно-сметной документации для оснащения объекта системой противодействия экономическому шпионажу в следующем составе: пояснительная записка; структурная (функциональная) схема системы; схема размещения оборудования системы; схема электрических соединений элементов системы; спецификация поставляемого оборудования и программного обеспечения; спецификация монтажных и пусконаладочных работ; спецификация работ по сервисному обслуживанию;

– согласование проекта оснащения объекта системой ПЭШ со службой безопасности, обслуживающей объект;

– выполнение оговоренного договором объема монтажных и пусконаладочных работ;

– оформление производственной документации, необходимой при сдаче системы в эксплуатацию;

– разработка комплекта эксплуатационной документации.

Раздел «Общие сведения» содержит информацию об объектах, подлежащих оснащению системой ПЭШ (административные, производственные, складские, бытовые помещения) с характеристикой деятельности для которой они используются.

Требования по направлениям проведения работ, например, работ по защите речевой информации в выделенных помещениях объекта.

Требования к проектируемым комплексам и системам включают: перечень элементов объектов (объектов), подлежащих оснащению, технические требования к комплексу или системе и ее составным частям, а также дополнительные требования по функционированию комплексов и систем.

Перечень элементов объектов, подлежащих оснащению:

– наименование элемента объекта, его местонахождение (размещение), этаж;

– функции специального оборудования – защита от утечек информации по акустическому каналу, за счет ПЭМИН средств вычислительной техники, по цепям питания и заземления, по каналу визуального наблюдения; защита от утечек информации по акустическому каналу, за счет ПЭМИН звукоусилительной аппаратуры, по цепям питания и заземления.

Требования к технологии работы системы:

– система должна обеспечивать оперативное и незаметное для окружающих выявление активных радиомикрофонов, занесенных в помещение, имеющих традиционные каналы передачи информации;

– система должна обеспечивать противодействие выявленным радиомикрофонам с традиционным каналом передачи информации;

– аппаратура системы защиты информации по акустическому и виброакустическому каналу должна включаться в работу по команде оператора;

– включение аппаратуры защиты информации от съема с использованием записывающих устройств должно управляться оператором;

– система защиты информации должна обеспечивать противодействие перехвату информации, передаваемой по телефонной линии (на участке до АТС).

Требования по функциональным возможностям системы – система должна обеспечивать защиту информации от утечек:

– по акустическому каналу с использованием различной звукозаписывающей аппаратуры, внесенной на объект;

– по акустическому каналу в виде мембранного переноса речевых сигналов через перегородки за счет малой массы и слабого затухания сигналов;

– по акустическому каналу за счет слабой акустической изоляции (щели у стояков системы отопления, вентиляция);

– по виброакустическому каналу за счет продольных колебаний ограждающих конструкций и арматуры систем отопления;

– по проводному каналу от съема информации с телефонной линии (городская и внутренняя телефонная сеть, факсимильная связь, переговорные устройства, системы конференц-связи и оповещения, системы охранной и пожарной сигнализации, сети электропитания и заземления);

– по каналу электромагнитных полей основного спектра сигнала за счет использования различных радиомикрофонов, телефонных радиопередатчиков;

– по оптическому каналу за счет визуального наблюдения за объектом с использованием технических средств;

– по каналу ПЭМИН за счет модуляции полезным сигналом электромагнитных полей, образующихся при работе бытовой техники;

– по каналу ПЭМИН при обработке информации на ПЭВМ за счет паразитных излучений компьютера.

Требования к характеристикам системы: система должна обеспечивать класс защиты информации не ниже требуемого для защиты заданного уровня секретности или конфиденциальности.

Требования по особенностям функционирования системы:

– все технические средства, применяемые для построения системы защиты информации, должны иметь сертификаты соответствия Российской Федерации;

– технические средства активного зашумления не должны представлять биологической угрозы сотрудникам и посетителям объекта.

Дополнительные требования по функционированию комплексов и систем могут включать требования по совместимости с действующими технологиями:

– система должна обеспечивать противодействие попыткам несанкционированного доступа к информации, хранящейся на жестком диске ПЭВМ;

– действие системы защиты информации не должно влиять на работу охранной (охранно-пожарной) сигнализации, системы охранного видеонаблюдения и системы контроля и управления доступом на объекте;

– другие специальные требования.

Требования к отчетной документации включают требования по оформлению (учет требований нормативных документов и режима конфиденциальности) по составу отчетной документации по проекту:

– титульный лист;

– пояснительная записка, включающая краткие описания работы оборудования, комплексов и систем, требования и рекомендации по модификации элементов оборудования для внедрения комплексов и систем, краткие инструкции по монтажу систем и прокладке кабельных трасс;

– схема структурная общая для крупных систем;

– строительные планы помещений (территории) с указанием мест установки оборудования и прокладки кабельных трасс;

– спецификации оборудования и материалов;

– смета оборудования, материалов и работ;

– приложение №1 – исходные данные по системе защиты речевой информации в помещениях и каналах связи, полученные в ходе специального инструментального анализа и с помощью опросных листов;

– приложение №2 – условия готовности объектов к началу выполнения работ, включая календарный план проведения монтажных и пусконаладочных работ и указания о взаимных обязательствах сторон по организационному, материально-техническому и иному сопровождению работ.

4.5. Комплекс защиты корпоративной сети (КЗКС)

Работа заказчика и исполнителя по внедрению комплекса защиты корпоративной сети начинается с формирования общего технического задания, которое содержит следующую информацию, предоставляемую заказчиком для составления предварительных предложений.

Информация о существующей или проектируемой вычислительной сети:

– информация о топологии сети, сетевых соединениях и узлах – карта сети, количество и тип серверов (платформы, операционные системы, ервисы), с привязкой к карте сети, количество сегментов и способы их соединения (маршрутизаторы, хабы, мосты и прочее), перечень АИС, используемые сетевые протоколы, количество и тип рабочих станций (платформы, операционные системы, приложения, решаемые задачи);

– варианты организации выхода в Internet – подключение выделенного компьютера (способ подключения, авторизации и пр.), подключение сети (способ подключения, использование прокси-служб и пр.), необходимость контроля трафика и разграничения доступа пользователей, наличие внутри предприятия собственного WEB, FTP-серверов;

– использование встроенных средств мониторинга, безопасности и архивации – защита персональных компьютеров от НСД (аудит, разграничение доступа), защита и разграничение доступа к компьютерам при работе на них нескольких пользователей, межсетевые экраны для защиты от внешних/внутренних атак, системы авторизации, антивирусная защита, имеющиеся средства архивирования с режимом их работы, системы протоколирования действий пользователей, криптографическая защита, средства системного аудита, системы мониторинга сети, защита вычислительной техники от взлома и краж, анализаторы протоколов, сканеры для сканирования ресурсов сети на возможные уязвимости и выдача рекомендаций для их устранения, разделение критичных сегментов сети, системы мониторинга безопасности с проверкой правильности настройки корпоративных серверов, мониторинг безопасности корпоративной сети в реальном времени;

– общие данные о функционировании информационной системы – порядок назначения прав по доступу к критичным ресурсам, регламент резервирования и восстановления критичной информации, наличие ответственного администратора сети, наличие ответственного администратора безопасности сети;

– организация системы информационной безопасности – положения по «Коммерческой тайне» и «Защите информации» и расположение критичной информации, информационные потоки критичной информации, относительно рабочих станций, серверов, сегментов (наличие систем электронного документооборота, критичных для предприятия процессов электронной обработки и передачи данных).

После обсуждения общего технического задания представители исполнителя и заказчика приступают к следующему этапу – работе над техническим заданием на внедрение комплекса защиты корпоративной сети.

В ТЗ указывается цель работ: оснащение локальных вычислительных сетей, сегментов сети, выделенных компьютеров заказчика комплексом защиты корпоративной сети. Кратко описываются совместно решаемые задачи и предполагаемые результаты от их реализации. В ТЗ для данной подсистемы предполагается следующий *состав работ* по проекту:

– разработка проектно-сметной документации для оснащения объекта комплексом защиты корпоративной сети в соответствии с ТЗ в составе: – пояснительная записка, структурная (функциональная) схема системы; спецификация поставляемого оборудования и программного обеспечения, спецификация монтажных и пусконаладочных работ, спецификация работ по сервисному обслуживанию;

– согласование проекта оснащения объекта комплексом защиты корпоративной сети со службой автоматизации (службой безопасности), обслуживающей объект;

– разработка и согласование проекта организации работ, содержащего календарный план проведения монтажных и пусконаладочных работ с учетом необходимого материально-технического и организационного обеспечения со стороны заказчика на каждом из этапов календарного плана;

– выполнение работ согласно договору и в соответствии с проектом организации работ;

– разработка комплекта эксплуатационной документации, включающей инструкции изготовителя программно-аппаратные средства и инструкции пользователя комплекса на каждое автоматизированное рабочее место;

– проведение приемосдаточных испытаний на соответствие системы требованиям технического задания с подписанием акта о приемке программно-аппаратных средств комплекса в эксплуатацию.

Раздел ТЗ «Общие сведения» содержит:

– перечень объектов, подлежащих оснащению комплексом защиты корпоративной сети с краткой характеристикой деятельности;

– перечень решаемых разрабатываемой системой проблем, включая контроль несанкционированного доступа к заданным информационным активам;

– указание на то, что при разработке проектно-сметной документации следует руководствоваться действующими государственными стандартами, нормативными документами по защите информации, а также ведомственными и другими документами, предоставленными заказчиком.

Важной частью ТЗ является раздел «Требования к проектируемому комплексу», включающий:

– перечень и характеристики защищаемых объектов, в виде описаний и схем;

– технические требования к комплексу и его составных частей;

– требования к технологии работы комплекса;

– требования по функциональным возможностям комплекса, включая возможность круглосуточной работы возможности дальнейшего расширения;

– требования к характеристикам системы;

– требования по особенностям функционирования системы – обеспечение разграничения прав пользователей/операторов: программное и аппаратное на заданных уровнях;

– требования по совместимости с действующими технологиями – необходимость и условия совместимости с существующими (или проектируемыми) системами, элементами систем безопасности корпоративной сети объекта;

– требования по совместимости с используемым технологическим оборудованием – необходимость и условия совместимости с существующими (или проектируемыми) системами (элементами) автоматизации учета, технологического процесса на объектах;

– другие специальные требования – особые требования к техническим, эксплуатационным характеристикам применяемого оборудования, включая наличие сертификата соответствия РФ на все применяемое оборудование;

– условия проведения монтажных и пусконаладочных работ – работы на объекте начинаются после подписания плана проведения работ, содержащего подробный календарный план проведения монтажных и пусконаладочных работ;

– в плане проведения работ определяется перечень работ по внедрению комплекса безопасности корпоративной сети с указанием начала и окончания каждого из этапов и указанием о взаимных обязательствах сторон по организационному, материально-техническому и иному сопровождению работ;

– требования к производственной документации, оформляемой при приемке комплекса по завершении работ по внедрению, – акт приемки программно-аппаратных средств комплекса в эксплуатацию, акт о выявленных дефектах, ведомость смонтированных узлов (блоков) комплекса и установленного программного обеспечения.

5. КУРСОВОЕ ПРОЕКТИРОВАНИЕ ПО ДИСЦИПЛИНЕ «КОМПЛЕКСНАЯ СИСТЕМА ЗАЩИТЫ ИНФОРМАЦИИ НА ПРЕДПРИЯТИИ»

Материал монографии может быть полезен в процессе подготовки специалистов по защите информации. С этой целью введен данный раздел с методическими указаниями по курсовому проектированию. Для студентов, изучающих дисциплину «Комплексная система защиты информации на предприятии» предлагается выполнить курсовой проект, включающий стадии предпроектного обследования предприятия и разработки технического проекта. В курсовом проекте следует решать вопросы комплексной защиты предприятия как объекта информатизации соответствующей категории (1, 2 или 3). В качестве предприятия аналога, возможно использование предприятия, на котором проходила производственная практика. Поэтому в задании на практику рекомендуется указывать проведение предпроектного обследования предприятия. При выполнении курсового проекта возможно использование отчета по технологической практике.

Оформлять пояснительную записку курсового проекта следует в соответствии с действующими стандартами на оформление научно-технической продукции. Сдавать необходимо оформленную пояснительную записку и электронную копию. Текст и рисунки, например, структурных схем, следует выполнять в редакторе Word 97, шрифт Times New Roman 12. Количество листов примерно 40 (без приложений). Номера страниц проставляются, но в расчет общего количества страницы приложения не входят.

Структура пояснительной записки: титульный лист, содержание, введение, описание защищаемого объекта информатизации, перечень сведений, составляющих коммерческую (служебную) тайну, политика информационной безопасности, система контроля и управления доступом на объекте, система охранного телевидения, система охранно-пожарной сигнализации, противодействие экономическому шпионажу, комплекс защиты корпоративной сети, анализ рисков, заключение, библиографический список, приложения.

Во *введении* необходимо представить следующее цели защиты информации: необходимый уровень защищенности информации, основные методы достижения целей защиты, политику безопасности информации предприятия. Исходя из уровня конфиденциальности обрабатываемой информации, следует обоснованно выбрать:

– класс защищенности автоматизированной системы, которая производит хранение и обработку конфиденциальной информации на объекте информатизации;

– класс защищенности средств вычислительной техники, составляющих аппаратно-программную основу автоматизированной системы;

– класс межсетевых экранов по уровню защищенности от НСД, реализующих защиту внутренней вычислительной сети предприятия;

– класс защищенности применяемых на предприятии антивирусных средств;

– уровень контроля программного обеспечения средств защиты информации;

– класс защищенности применяемых специальных защитных знаков.

При этом необходимо использовать руководящие материалы Гостехкомисси и стандарты Российской Федерации. В проекте защиты следует использовать сертифицированные средства и системы.

Описание защищаемого предприятия должно включать параметры защищаемого объекта информатизации. Необходимо привести рисунки со схемами территории и периметра, зданий и расположения помещений, конфигурации линий питания, заземления, каналов связи, вычислительных сетей.

Перечень сведений, составляющих коммерческую (служебную) тайну, должен содержать перечисление сведений, которые в рамках данного предприятия имеют конфиденциальный характер (составляют служебную или коммерческую тайну), а также названия документов и электронных информационных ресурсов их содержащих. Конфиденциальные сведения в перечне группируются по структурным подразделениям компании (отделам, службам). Указывается возможный ущерб в результате несанкционированного распространения сведений, включенных в перечень. Определяются преимущества закрытого использования рассматриваемых сведений по сравнению с открытым. Оцениваются затраты на защиту рассматриваемых сведений.

Политика информационной безопасности составляется как документ, предназначенный для руководства, и должен содержать:

– основные положения, касающиеся информационной безопасности предприятия;

– перечень наиболее характерных угроз;

– модели нарушителей безопасности;

– приоритетные мероприятия по реализации политики информационной безопасности, включая перечень необходимых средств информационной защиты;

– административные аспекты обеспечения безопасности (порядок назначения ответственных лиц, учет распределения паролей идентификаторов, действия администрации при попытках несанкционированного доступа).

Заключение. Этот раздел должен быть посвящен обсуждению предложенных в проекте решений. Обсуждение должно включать результаты анализа рисков и экономическое обоснование проектов защиты – суммарные сметы расходов по вариантам (не менее двух). Результат обсуждения – обоснованные по критерию «защищенность-стоимость» рекомендации для руководства предприятия по выбору варианта оснащения КСЗИ для внедрения на объекте информатизации.

Приложения. Этот раздел может содержать: спецификации (основные технические характеристики) используемых устройств и систем, сведения о сертификации устройств и систем.

5.1. Содержание раздела «Система контроля и управления   доступом»

Этот раздел должен содержать краткие сведения о СКУД одного из блоков защиты (выделенная территория, здание, этаж или группа помещений): структура защищаемого объекта, пользователи системы, проходные объекта, корпоративная сеть и автоматизированных рабочих мест (АРМ) службы охраны объекта, возможность интеграции с другими системами, краткое описание работы системы.

Структура защищаемого объекта информатизации:

– структура расположения защищаемых блоков, помещений или зон, размещения проходных, помещений для расположения АРМ управления;

– наименование объектов, подлежащих оснащению системой контроля и управления доступом (административные, производственные, складские, бытовые помещения, производственные площадки или внутренние территории с контрольно-пропускными пунктами (КПП);

– структура защищаемой части (блока) объекта информатизации, количество оснащаемых отдельных объектов (перечень защищаемых объектов, отдельных зданий, выделенных этажей, групп помещений);

– указать какие решаются системой задачи – например, контроль и управление доступом сотрудников и посетителей на территорию объекта, контроль и управления въездом/выездом транспорта (авто, железнодорожного, специального) через КПП объекта, автоматическое ведение баз данных проходов в пределах защищаемого объекта;

– климатические условия в районе расположения объекта, включая температурный режим, глубина промерзания грунта, сейсмичность.

Пользователи системы:

– общее количество пользователей системы. Предполагаемое максимальное количество сотрудников, посетителей, единиц транспорта;

– тип идентификаторов пользователей: пропуска, магнитные карты, дистанционные (Proximity) или контактные (Touch Memory);

– необходимость в оснащении бюро пропусков комплексом для оперативного изготовления идентификационных удостоверений с фотографиями пользователей, другим специальным оборудованием;

– необходимость размещения на идентификационном удостоверении фотографии сотрудника, логотипа компании и т.п.

Проходные объекта:

– общее количество проходных и контрольно-пропускных пунктов (КПП) для транспорта, включаемых в состав СКУД;

– максимальная нагрузка на каждую проходную – человек/час (необходима для расчета количества турникетов или других средств управления доступом).

Корпоративная сеть и АРМ службы охраны объекта:

– количество и расположение автоматизированных рабочих мест для управления СКУД (администраторов безопасности, службы охраны, бюро пропусков, службы персонала);

– необходимость взаимодействия АРМ управления различных объектов;

– наличие корпоративной сети, связывающей объекты (АРМ системы управления доступом должны располагаться в пределах ЛВС);

– структура корпоративной сети, наличие выделенных каналов передачи данных, телефонной сети в интересах СКУД;

– защита АРМ СКУД от несанкционированного доступа.

Возможность интеграции с другими системами:

– возможность интеграции системы со средствами обеспечения безопасности компьютерных систем;

– взаимодействие СКУД со средствами видеонаблюдения и видеорегистрации, с системами охранной сигнализации;

– требования по совместимости и условия совместимости с исполнительными устройствами (турникетами, тамбур-шлюзами в виде дверей, шлюзовыми кабинами автоматическими, полуавтоматическими), системами видеонаблюдения, охранно-пожарной сигнализации, системой оповещения и другими;

– требования по совместимости с используемым технологическим оборудованием. Необходимость и условия совместимости с существующими системами (элементами) технологического процесса на объектах.

Описание работы системы:

– краткое описание технологии работы системы (описание общей тактики прохода, структуры и приоритетности защищаемых зон, прав и обязанностей охранников и контроллеров КПП и т.п.); возможность дальнейшего расширения системы; добавление новых точек контроля и новых автоматизированных рабочих мест;

– краткое описание функциональных возможностей СКУД – регистрация и протоколирование тревожных и текущих событий, приоритетное отображение тревожных событий, управление работой преграждающими устройствами в точках доступа по командам оператора, задание временных режимов действия идентификаторов в точках доступа «окна времени», защита технических и программных средств от несанкционированного доступа к элементам управления, установка режимов доступа к информации, автоматический контроль исправности входящих в систему средств и линий передачи информации, возможность автономной работы контроллеров системы с сохранением контроллерами основных функций при отказе связи с пунктом централизованного управления, установка режима свободного доступа с пункта управления при аварийных ситуациях и чрезвычайных происшествиях, блокировка прохода по точкам доступа командой с пункта управления;

Особенности установки системы:

– особенности технических, эксплуатационных характеристик и дизайна применяемого оборудования, наличие сертификата соответствия РФ на все применяемое оборудование;

– особенности исполнительных механизмов – типы замков, турникетов, шлюзовых кабин, замочно-переговорных устройств;

– размещение контроллеров – по месту и способу установки контроллеров, подведения к ним информационных шлейфов и шин питания;

– прокладка кабельных трасс, типа кабеля, исполнения кабельных трасс или коробов (гофрошлангов, труб);

– места подключения контроллеров, блоков управления исполнительными устройствами к распределительным щитам ~220 В, а также места вертикальной прокладки кабелей между этажами.

По отдельному блоку защиты (зданию, этажу, группе помещений):

– наименование или назначение блока;

– количество пользователей системы в блоке;

– количество защищаемых помещений с распределением их по этажам;

– количество контролируемых дверей;

– количество проходных, контролируемых входов, КПП для транспорта, ориентировочная нагруженность проходов;

– наименование проходной, исполнение проходных – турникеты, тамбур-шлюзы в виде дверей, шлюзовые кабины автоматические, шлюзовые кабины полуавтоматические, раздвижные ворота, шлагбаумы;

– возможность установки на проходных металлодетекторов;

– возможность протоколизации действий службы охраны по пропуску посетителей через проходную;

– цели или требования к системе видеорегистрации на проходной;

– оснащение блока, помещения, отдельной двери аудио- или видеодомофоном для приема посетителей;

– по каждой двери индивидуально или предельные параметры в целом – нагруженность проходов в сутки, количество пользователей для данной двери, наличие и необходимость резервирования по питанию, установка системы дистанционного отпирания двери изнутри помещения, наличие доводчика, необходимость кнопки отпирания, возможность протоколизации проходов пользователей для данной двери, исполнение двери (деревянная, металлическая, профилированная, стеклянная);

– наличие ЛВС в здании или в группе помещений, для организации взаимодействия АРМ;

– тип операционной системы, структура локальной сети в пределах здания, группы помещений;

– наличие резервного питания и общей шины заземления в здании.

Данный раздел пояснительной записки должен обязательно содержать:

– структурные схемы (рисунки) объекта и одного из блоков защиты с размещением оборудования СКУД, корпоративной сети, выделенных и коммутируемых линий связи;

– спецификации с техническими характеристиками оборудования и программного обеспечения СКУД;

– смету затрат оснащения объекта системами контроля и управление доступом.

5.2. Содержание раздела «Система охранного телевидения»

В данном разделе пояснительной записки должны содержаться краткие сведения об оснащении системой охранного телевидения одного из блоков защиты предприятия: выделенная территория, здание, этаж, группа помещения, административные, производственные, складские, бытовые помещения, производственные площадки, смежные или внутренние территории различного назначения.

Описание блока защиты:

– количество отдельных зон, участков, объектов, оснащаемых системой, с указанием расположения защищаемых помещений или зон, размещения постов наблюдения, световой обстановки или условий видимости, климатических условий: температурного режима, глубина промерзания грунта, сейсмичности (с планами зон контроля, и прилегающей территории);

– цели наблюдения в дневном и ночном режиме, например: днем идентификация личности, определение номера въезжающего автомобиля, ночью обнаружение автомобиля или человека.

Решаемые системой задачи:

– контроль несанкционированного доступа сотрудников или нарушителей на территорию (или с территории) объекта через проходные и КПП;

– контроль несанкционированного доступа сотрудников или нарушителей на территорию (или с территории) объекта через ограждения или запретные зоны;

– защита людей и материальных ценностей от преступных посягательств в контролируемой зоне охраняемого объекта;

– контроль за ситуационным положением в выделенном помещении или на территории, прилегающей к объекту;

– идентификация личности посетителя или сотрудника объекта при прохождении КПП на основании данных видеотеки;

– идентификация государственного номера автомашины при проезде КПП объекта на основании баз данных службы охраны или бюро пропусков;

– контроль за действиями сотрудников определенных служб на объекте в ходе технологического процесса или исполнения ими своих служебных обязанностей;

– автоматическая фиксация и хранение в течение определенного времени записи противоправных или иных событий по тревожному извещению с защищаемого объекта;

– автоматическая фиксация и хранение в течение определенного времени (указать размер архива, обычно один месяц) всех событий с охраняемого объекта или территории.

Посты наблюдения и управления комплексом:

– количество независимых постов наблюдения (с указанием мест их размещения на планах);

– возможность видеорегистрации на магнитофоны длительной записи: непрерывно, по усмотрению оператора, по сигналу охранных датчиков;

– возможность одновременного просмотра на одном мониторе всех видеокамер комплекса;

– возможность выполнять охранные функции (детекторы движения);

– возможность моментальной распечатки интересующих кадров на видеопринтере;

– возможность согласованной работы комплекса с персональными компьютерами с указанием количества и расположения АРМ видеонаблюдения и структуры компьютерной сети на объекте.

Описание системы охранного телевидения:

– общие требования к системе видеонаблюдения – цветная, черно-белая, комбинированная;

– срок хранения видеозаписей в архиве (обычно, один месяц);

– необходимость в дополнении системы видеонаблюдения системой автоматизированного управления доступом в помещения и на объекты;

– необходимость фиксации аудиоинформации с охраняемых объектов;

– возможность расширения системы;

– наличие и расположение щитов электропитания вблизи мест установки оборудования и на постах наблюдения;

– наличие резервного или дублирующего питания;

– возможность дальнейшего расширения путем добавления новых телекамер и постов наблюдения (охраны);

– технология работы системы – описание общей тактики отображения и записи информации, структуры и приоритетности защищаемых зон, порядка и уровня совмещения с взаимодействующими системами, прав и обязанностей охранников и контроллеров КПП;

– функциональные возможности и технические характеристики системы – разрешение системы для каждого видеоканала, время реагирования системы на тревожное событие для каждого видеоканала;

– технические характеристики *устройств обнаружения движения* для каждого видеоканала, оборудованного детектором движения – минимальный диапазон обнаруживаемой цели, минимальный контраст обнаруживаемой цели относительно фона, диапазон скоростей движения цели;

– технические характеристики *устройств управления и коммутации видеосигналов* – разрешение, отношение сигнал/шум, вид входного сигнала извещения о тревоге, максимальные коммутируемые напряжения и ток.

– технические характеристики *видеомониторов* – разрешение, максимальная яркость изображения;

– геометрические и нелинейные искажения изображения;

– возможности системы по обеспечению нормальной устойчивости от прогнозируемых несанкционированных действий и/или возможность размещения в помещениях, местах (сейфах, боксах), защищенных от – разрушающих механических НСД (по ГОСТ Р 50862) и несанкционированного доступа к программному обеспечению (по ГОСТ Р 51241);

– возможности системы обеспечивать разграничение прав пользователей/операторов: на на заданных программном и аппаратном уровнях;

– требования системы к основному электропитанию – основное электропитание системы должно осуществляться от сети переменного тока по ГОСТ 13109;

– требования системы к резервному питанию – система (отдельные элементы системы) должны иметь резервное питание (указать вид резервного питания: по переменному или постоянному току, указать величину – 12 В или 24 В, а также время работы системы (отдельных элементов системы) при пропадании основного питания;

– возможность совместимости системы охранного телевидения с действующими технологиями, необходимость и условия совместимости с существующими (или проектируемыми) системами (элементами) контроля и управления доступом, охранно-пожарной сигнализации, системой оповещения и другими;

– возможность совместимости с используемым технологическим оборудованием, необходимость и условия совместимости с существующими (или проектируемыми) системами (элементами) технологического процесса на объектах;

– другие технические и эксплуатационные характеристики и дизайн применяемого оборудования – наличие сертификата соответствия РФ на все применяемое оборудование;

– особенности видеокамер, квадраторов, мультиплексоров и другого видеооборудования по цвету, внешнему виду видеокамер и другого оборудования;

– особенности размещения видеокамер по месту и способу установки видеокамер;

– особенности прокладки кабельных трасс – типу кабеля, исполнения кабельных трасс или коробов (гофрошлангов, труб).

Данный раздел пояснительной записки должен обязательно содержать:

– структурную (функциональную) схему размещения видеокамер на объекте, с указанием цели и места ее установки, оборудования системы и постов охраны СОТ;

– спецификацию (технические характеристики) поставляемого оборудования и программного обеспечения (в приложении);

– смету затрат оснащения объекта системой охранного телевидения.

5.3. Содержание раздела «Система охранно-пожарной сигнализации»

В данном разделе пояснительной записки должны содержаться следующие краткие сведения об оснащения охраны внутренней территории объекта техническими средствами системы охранно-пожарной сигнализации.

Общие сведения об объекте:

– перечень и характеристики защищаемых объектов, подлежащих оборудованию системой автоматической сигнализации (пожарной, охранной, охранно-пожарной) – производственные, складские, жилые, бытовые помещения, открытые площадки, участки ограждения и другие;

– защищаемые помещения, отнесенные к категории особо важных по типу хранящихся там ценностей или степени взрывопожароопасности – наименование помещения или группы помещений, типы хранящихся ценностей, необходимость раздельного подключения;

– помещения, в которых требуется выполнение высотных работ (высотой более 2,5 метров), – наименование помещения или группы помещений, типы хранящихся ценностей, высота помещения;

– помещения, в которых электромагнитные наводки превышают уровень, установленный ГОСТ 23511-79;

– наличие на объекте систем принудительной вентиляции, дымоудаления, подпора воздуха, огнезадерживающих клапанов в вентиляционных каналах (для пожарной сигнализации);

– существуют ли подвесные (подшивные) потолки, из какого материала выполнены и есть ли за ними пожарная нагрузка (более 5-и силовых кабелей, исключая освещение);

– наиболее уязвимые места для несанкционированного проникновения на объект; если есть, то пожелания по конфигурации охраны объекта;

– конструктивный материал дверей, окон, ворот – количество открывающихся створок на этих конструкциях;

– место прокладки кабеля между этажами, наличие закладных труб;

– климатические условия – температурный режим, глубина промерзания грунта, сейсмичность.

Описание периметра защищаемой территории объекта:

– наименование и назначение защищаемой территории;

– что из себя представляет периметр защищаемой территории (например, забор, ограждение, стена здания и т.д.);

– высота и тип ограждения (бетонное, деревянное, сетчатое, металлическая решетка и т.п.);

– наличие зоны отчуждения или возможность ее создания;

– общая протяженность периметра, подлежащего защите, площадь защищаемой территории (схема);

– наименование, назначение смежных с защищаемой территорией зданий, строений, сооружений – их высота, особенности конструкции;

– количество ворот для проездов ж/д и а/м транспорта, калиток, проходных;

– места и способы складирования и хранения материальных ценностей на защищаемой территории;

– наличие подземных и подвесных коммуникаций на защищаемой территории;

– наиболее уязвимые места для проникновения нарушителя, предполагаемые способы проникновения для конкретного объекта (подкоп, перелезание, пролом с соседних зданий).

Питание системы:

– источники электропитания систем объектовой сигнализации, их место установки (расположения силового щита), состав источников питания системы ОПС – переменного тока напряжением 220 В, 50 Гц, мощностью 1 кВт (обычно требуется два независимых сетевых источника для питания извещателей, контрольных панелей и периферийной аппаратуры), аккумуляторная батарея, блок резервного питания (БРП).

Посты охраны:

– наличие и расположение помещения (поста) охраны с круглосуточным дежурством, тип существующего пульта централизованного наблюдения (ПЦН) или требования к проектируемому ПЦН;

– есть ли необходимость вывода сигналов системы на пульт централизованного наблюдения (ПЦН) местного отдела вневедомственной охраны (милиции), в этом случае выбор оборудования ограничен разрешенным перечнем;

– наличие и количество телефонных пар, место расположения телефонной коробки (для случая с передачей сигнала на ПЦН);

– рекомендуемое место установки приемно-контрольного прибора (в случае отсутствия помещения охраны с круглосуточным дежурством);

– указать наименование и расположение помещения с круглосуточным дежурством обслуживающего персонала, куда системой выдаются сигналы;

– указать наименование организации, способ передачи, типы и адреса линий связи для выдачи дублирующих сигналов.

Функциональные возможности системы:

– технология работы системы – описание общей тактики охраны, структуры и приоритетности защищаемых зон;

– описание тактики охраны – обеспечиваемая системой защита от несанкционированного доступа, квалифицированного злоумышленника или другое;

– описание видов сигналов, выдаваемых системой в защищаемом помещении, на объекте, в помещении охраны, в других органах или организациях;

– возможности расширения системы, наращивания технических и функциональных возможностей, требований по надежности, резервированию по питанию, сигнальным линиям связи;

– особенности функционирования системы – описания дополнительных требований, например, по звуковым и световым оповещателям и другое.

Совместимость системы ОПС:

– с какими существующими или проектируемыми системами сигнализации должна совместно работать разрабатываемая система;

– совместимость с действующими технологиями (описание требований по включению проектируемой системы в действующий комплекс технических средств охраны);

– совместимость с используемым технологическим оборудованием, строительными конструкциями, зданиями, сооружениями;

– описание требований по согласованию функционирования проектируемой системы и действующих или проектируемых систем видеонаблюдения, контроля и управления доступом, систем управления технологическим оборудованием, другого оборудования.

Другие особенности системы ОПС:

– особенности технических и эксплуатационных характеристик и дизайна применяемого оборудования;

– особенности размещения извещателей, контрольных панелей и линейно-кабельных сооружений;

– необходимость согласования проекта оборудования объекта системой автоматической сигнализации в МВД, МЧС и со службой безопасности объекта информатизации.

Данный раздел пояснительной записки должен обязательно содержать:

– структурные схемы (рисунки) защищаемой системой территории объекта с размещением оборудования ОПС;

– спецификацию (технические характеристики) оборудования ОПС;

– смету затрат оснащения объекта оборудованием ОПС.

5.4. Содержание раздела «Система противодействия   экономическому шпионажу»

Общие сведения о защищаемом объекте:

– список и местоположение (здание, этаж) категорированных помещений, подлежащих оснащению системой противодействия экономическому шпионажу – выделенные помещения, предназначенные для ведения особо секретных переговоров и совещаний, кабинеты руководства и другие помещения, в которых проводятся конфиденциальные переговоры и совещания, прочие технологические помещения, в которых циркулирует информация, предназначенная для служебного пользования;

– определение категорированных каналов связи, подлежащих защите, – выделенные каналы, предназначенные для передачи секретной информации, каналы, по которым передается конфиденциальная информация, каналы, по которым передается информация для служебного пользования;

– заявляемая степень конфиденциальности (секретности) циркулирующей на объекте защиты – система должна обеспечивать класс защиты информации не ниже класса защищенности АС, размещенной на объекте информатизации;

– площадь защищаемых помещений объекта;

– тип наружных стен, перегородок и межэтажных перекрытий (потолок, пол) – капитальные, бетонные толщиной более 200 мм или кирпичные толщиной более 500 мм;

– входы в помещения – расстояние между дверями, тамбуры (двойные двери), тип конструкции, наличие уплотнения, запорные устройства;

– окна – количество проемов, тип остекления, наличие и тип защитных пленок;

– тип и высота потолков – подвесные с зазором, подшивные, оштукатуренные, иные;

– описание смежных помещений – примыкающих к стенам объекта, над и под объектом, назначение помещений или характер проводимых в них работ;

– организация контроля и управления доступом на объект в целом и в выделенные помещения;

– имеющиеся на объекте средства связи – пользователь средства связи, стандарт или принцип действия, наименование или тип аппаратуры, количество каналов, в том числе линии телефонной связи, количество входящих линий городской и внутренней телефонной сети;

– система электропитания и освещения – источники питания, расположение трансформаторной развязки;

– система заземления – наличие, структура контура заземления, сопротивление;

– системы сигнализации (тип);

– прочие проводные линии – радиотрансляция (местная, городская), электрочасофикация (марка);

– наличие специальных технических средств защиты информации;

– схема помещения и расположения в нем мебели и других предметов интерьера (с указанием основных размеров или масштаба).

Описание обстановки вокруг объекта защиты:

– описание соседних строений: назначение (характер проводимых там работ), этажность, расстояние до защищаемого помещения;

– наличие и удаленность автостоянки;

– архитектурные или технические особенности защищаемых помещений, особенности расположения помещений внутри здания;

– система вентиляции на объекте (тип);

– система отопления;

– имеющаяся оргтехника;

– имеющаяся бытовая техника – телевидение (марка телевизора), кабельное телевидение, антенна внешняя (комнатная).

Анализ информационных угроз с определением видов информационных угроз в помещениях и технических каналах:

– с проникновением на объект – внедрение специальных устройств с целью перехвата информационных сигналов, их преобразования и передачи за пределы зоны безопасности объекта по различным каналам, несанкционированная запись информационных сигналов с использованием средств регистрации информации;

– без проникновения на объект – прослушивание каналов связи, преднамеренный разрыв каналов связи, перехват остаточных информационных сигналов и электромагнитных излучений, распространяющихся за пределы зоны безопасности объекта.

Определение видов перехватываемой информации в основных каналах утечки информации:

– акустический канал – речевые и прочие акустические сигналы;

– виброакустический канал – речевые и прочие акустические сигналы;

– утечка по проводному каналу – речевые и прочие акустические сигналы, факсимильная, телеграфная, телетайпная информация, информация, обрабатываемая на ЭВМ, или транслируемая по модемным каналам;

– электромагнитные поля – информация, передаваемая по радиотелефону и радиосвязи, информация, передаваемая по радиомодему;

– ПЭМИН – побочные излучения с информацией, обрабатываемой на ЭВМ, а также излучения от прочего офисного оборудования, промодулированные полезным акустическим сигналом;

– оптический канал – скрытая фото-, кино- и видеосъемка, видеонаблюдение из не охраняемой зоны.

Модель нарушителя, оценка оперативно-тактических возможностей:

– по перехвату информации в непосредственной близости от территории объекта;

– по легальному проникновению на территорию объекта (например, имея статус сотрудника родственного предприятия или клиента);

– по временному использованию или стационарной установке технических средств промышленного шпионажа;

– по получению априорных данных, которые могут облегчить планирование и проведение операций по перехвату информации, – тематика перехватываемой информации, сведения о перечне решаемых вопросов, технические средства хранения, обработки и передачи информации, общие параметры сигналов, несущих полезную информацию, расположение помещений, организация и техническая оснащенность службы безопасности, распорядок работы объекта, психологическая обстановка в коллективе.

Модель нарушителя, оценка технического оснащения нарушителя по следующим группам технических средств перехвата и регистрации информации:

– радиомикрофоны для перехвата акустической информации – без стабилизации канала передачи, со стабилизированным каналом передачи, с кодированным каналом передачи, с акустическим автоматом;

– телефонные радиопередатчики для перехвата телефонной информации – с нестабилизированным каналом, со стабилизированным каналом;

– бесконтактные емкостные и индукционные передатчики;

– передатчики комбинированные (телефонно-акустические);

– диктофонные адаптеры (перехват телефонных переговоров) – контактные, бесконтактные;

– системы кабельных микрофонов для перехвата акустической информации – системы с передачей «открытого» сигнала, системы с передачей кодированного сигнала;

– системы с передачей информации по сетям электропитания и телефонным линиям для перехвата акустической информации;

– направленные микрофоны для перехвата акустической информации: линейные, параболические, «органы» (набор резонансных трубок), «лазерные детекторы»;

– комплексы для перехвата информации с монитора ЭВМ в реальном времени;

– стетоскопы для перехвата акустической информации: проводные, с передачей информации по радиоканалу;

– аппаратура для перехвата остаточных информативных сигналов в линиях питания и заземления;

– аппаратура для перехвата радиоэфирной информации и ПЭМИН офисного оборудования – широкополосные сканирующие радиоприемники для перехвата радиопереговоров, селективные микровольтметры для перехвата полезной информации, содержащейся в ПЭМИН офисного оборудования;

– звукозаписывающая аппаратура для перехвата акустической информации;

– оценка технических возможностей потенциального нарушителя с учетом его финансового положения и целесообразности вложения средств в конкретную операцию по перехвату информации – обычно количество вложенных средств пропорционально стоимости интересующей нарушителя информации.

Функции специального оборудования по защите от утечек информации – по акустическому каналу, по проводному каналу, через ПЭМИН и оптический канал.

Требования к технологии работы системы ПЭШ:

– система защиты информации должна обеспечивать оперативное и незаметное для окружающих выявление, и противодействие активным радиомикрофонам, занесенным в помещение и имеющим традиционные каналы передачи информации;

– аппаратура системы защиты информации по акустическому и виброакустическому каналу, а также аппаратура защиты информации от съема с использованием записывающих устройств должна включаться в работу по команде оператора;

– включение аппаратуры защиты информации от съема с использованием записывающих устройств должно управляться оператором;

– система защиты информации должна обеспечивать противодействие перехвату информации, передаваемой по телефонной линии (на участке до АТС).

Функциональные возможностям системы ПЭШ по обеспечению защиты информации от утечек:

– по акустическому каналу с использованием различной звукозаписывающей аппаратуры, внесенной на объект;

– по акустическому каналу в виде мембранного переноса речевых сигналов через перегородки за счет малой массы и слабого затухания сигналов;

– по акустическому каналу за счет слабой акустической изоляции (щели у стояков системы отопления, вентиляция);

– по виброакустическому каналу за счет продольных колебаний ограждающих конструкций и арматуры систем отопления;

– по проводному каналу от съема информации с телефонной линии (городская и внутренняя телефонная сеть, факсимильная связь, переговорные устройства, системы конференц-связи и оповещения, системы охранной и пожарной сигнализации, сети электропитания и заземления);

– по каналу электромагнитных полей основного спектра сигнала за счет использования различных радиомикрофонов, телефонных радиопередатчиков;

– по оптическому каналу за счет визуального наблюдения за объектом с использованием технических средств;

– по каналу ПЭМИН за счет модуляции полезным сигналом электромагнитных полей, образующихся при работе бытовой техники;

– по каналу ПЭМИН при обработке информации на ПЭВМ за счет паразитных излучений компьютера.

Определение стационарных средств защиты информации:

– в выделенном помещении для проведения переговоров и совещаний – система, блокирующая передачу информации по сети питания, средство блокировки виброканала, обнаружитель и подавитель радиомикрофонов и диктофонов, генераторы акустического шума, стационарный детектор электромагнитного поля;

– в кабинетах руководства и помещениях, в которых проводятся переговоры и совещания, – комплексный генератор шума, система вибродатчиков, обнаружитель работающих диктофонов, подавитель радиомикрофонов и диктофонов, генераторы акустического шума, стационарный индикатор электромагнитного поля, фильтры для проводных линий;

– в технологических помещениях, где циркулирует информация, предназначенная для служебного пользования – фильтры для проводных линий, при наличии в помещениях ПЭВМ должны быть установлены генераторы радиоэлектронного шума (в варианте защиты рабочего места).

– в выделенных каналах связи для передачи – особо секретной информации, конфиденциальной информации, информации для служебного пользования.

Формирование группы поиска (3-5 человек):

– определение решаемых задач – проведение специальных проверок объекта, выявление естественных и искусственных каналов утечки информации, локализация технических средств перехвата информации на объекте, техническое обслуживание стационарных средств защиты информации, установленных на объекте, выдача рекомендаций по результатам специальной проверки и по правилам эксплуатации стационарных средств защиты информации;

– определение регламента различных видов специальных проверок – разовая, планово-профилактическая, конспиративная.

Определение уровней «глубины проверок»:

– первый – обнаружение радиоизлучающих изделий, установленных непосредственно в проверяемых помещениях и смежных с ними, а также телефонных передатчиков, установленных на телефонных линиях, заведенных в проверяемые помещения;

– второй – обнаружение всех изделий первого уровня плюс сетевые передатчики, использующие для передачи информации сеть питания   220 В/50 Гц;

– третий – обнаружение всех изделий второго уровня плюс все типы кабельных микрофонов и систем передающих акустическую информацию помещения по телефонным линиям, а также выявление различных типов оргтехники и сигнализации, работающей в режиме передачи полезной акустической информации за границы охраняемого объекта в ПЭМИН;

– четвертый – обнаружение всех типов закладных средств перехвата информации, в том числе и тех, которые во время проверки не работают, а также возможные естественные каналы утечки информации.

Оснащение группы портативным поисковым оборудованием:

– основная аппаратура для – проверки радиоэфира и оценки эффективности систем защиты, управления сканерами и архивация результатов спецпроверок, проверка кабельных коммуникаций на предмет обнаружения посторонних гальванических подключений, выявление каналов утечки информации и локализация подслушивающих устройств, обнаружения пассивных технических средств перехвата информации, радиологических измерений на объекте;

– вспомогательная аппаратура – комплект ультрофиолетовых маркеров, ультрофиолетовый фонарь, фотоаппарат/видеокамера, комплект радиостанций (3-4 шт.), цифровой мультиметр, диктофон и комплект кассет, мощный фонарь, наголовный фонарь, трубка телефониста, комплект досмотровых зеркал с подсветкой, портативный металлодетектор.

Совместимость системы ПЭШ с другими системами: возможность совместимости с действующими на объекте технологиями, в частности, с работой охранной (охранно-пожарной) сигнализации, с работой системы охранного видеонаблюдения и работой системы контроля и управления доступом на объекте.

Дополнительные требования к системе ПЭШ:

– технические средства активного зашумления не должны представлять биологической угрозы сотрудникам и посетителям объекта информатизации;

– все технические средства, применяемые для построения системы защиты информации должны иметь сертификаты соответствия Российской Федерации.

Данный раздел пояснительной записки должен обязательно содержать:

– структурную (функциональную) схему размещения оборудования системы ПЭШ;

– спецификацию (технические характеристики) применяемого оборудования и программного обеспечения;

– смету затрат для оснащения объекта защиты системой ПЭШ.

5.5. Содержание раздела «Комплекс защиты корпоративной   сети»

В данном разделе пояснительной записки должны содержаться следующие краткие сведения о комплексе защиты корпоративной сети.

Сведения об объекте защиты:

– наименование и характеристика деятельности объектов, подлежащих оснащению комплексом защиты корпоративной сети;

– общие данные о функционировании информационной системы;

– решаемые комплексом защиты проблемы, к чему должен контролироваться несанкционированный доступ;

– порядок назначения прав по доступу к критичным ресурсам;

– регламент резервирования и восстановления критичной информации;

– наличие ответственного администратора безопасности сети;

– расположение критичной информации;

– информационные потоки критичной информации, относительно рабочих станций, серверов, сегментов;

– наличие систем электронного документооборота;

– наличие критичных для предприятия процессов электронной обработки и передачи данных;

– возможность круглосуточной работы.

Информация о топологии сети, сетевых соединениях и узлах:

– карта сети, количество и тип серверов – платформы, операционные системы, сервисы, приложения;

– количество и тип рабочих станций – платформы, операционные системы, приложения, решаемые задачи;

– используемые сетевые протоколы;

– указать на схеме сегменты и способы их соединения – маршрутизаторы, хабы, мосты и прочее;

– указать вариант организации выхода в Internet – подключение выделенного компьютера (способ подключения, авторизации и прочее), подключение сети (способ подключения, использование прокси-служб и прочее), необходимость контроля трафика и разграничения доступа пользователей, наличие внутри предприятия собственного WEB-, FTP-серверов.

Использование встроенных (приобретенных) средств мониторинга, безопасности и архивации:

– защита персональных компьютеров от НСД (аудит, разграничение доступа), защита и разграничение доступа к персональным компьютерам при работе на них нескольких пользователей;

– межсетевые экраны – защита от внешних/внутренних атак;

– системы авторизации, протоколирования действий пользователей, мониторинга сети, системного аудита;

– антивирусная и криптографическая защита;

– средства архивирования и режимы их работы;

– анализаторы протоколов;

– сканеры – сканирование ресурсов сети на возможные уязвимости и выдача рекомендаций для их устранения;

– разделение критичных сегментов сети;

– системы мониторинга безопасности – проверка правильности настройки корпоративных серверов, мониторинг безопасности корпоративной сети в реальном времени;

– защита вычислительной техники от взлома, краж.

Особенности функционирования комплекса:

– возможности дальнейшего расширения путем добавления (каких систем, устройств);

– необходимость и условия совместимости с существующими (или проектируемыми), системами (элементами) автоматизации учета, технологического процесса на объектах;

– необходимость и условия совместимости с существующими (или проектируемыми) системами (элементами) систем безопасности корпоративной сети объекта;

– наличие сертификата соответствия РФ на все применяемое оборудование: классы защищенности АС, СВТ (операционной системы), межсетевых экранов, антивирусных средств, уровень анализа программного обеспечения на недекларированные возможности.

Данный раздел пояснительной записки должен обязательно содержать:

– структурную (функциональная) схему сети с указанием элементов комплекса защиты;

– спецификации (технические характеристики) оборудования и программного обеспечения комплекса;

– смету оснащения объекта комплексом защиты корпоративной сети.

5.6. Содержание раздела «Анализ рисков»

При выполнении данного раздела необходимо руководствоваться действующей на сегодняшний день в Российской Федерации нормативной базой проведения оценки (аттестации) по требованиям защиты информации объектов информатизации и автоматизированных систем. Методология контроля (оценки) защищенности информации базируется на руководящих документах Гостехкомиссии России (РД ГТК) 1992-1993 гг., а также внедренных в РФ международных стандартах. Для проведения анализа рисков рекомендуется использовать программный продукт Digital Security Office 2006.

Методика применения программы КОНДОР [20–22]. Программа включает положения стандарта ГОСТ 17799, сформулированные в виде вопросов, отвечая на которые, можно получить полную картину – какие в организации положения стандарта выполняются, а какие нет. У каждого положения стандарта задан по умолчанию вес, который характеризует степень критичности данного положения для поддержания необходимого уровня защищенности. Веса, заданные в системе по умолчанию, разработаны экспертами Digital Security. Учитывая, что универсальные значения весов не могут учесть все особенности различных организаций, в программе предусмотрена возможность изменения весов при работе с положениями стандарта. После того, как даны все ответы, для анализа дальнейших действий в программе КОНДОР предусмотрен модуль управления рисками. В нем отражаются все невыполненные в организации положения политики безопасности. Причем можно задать пороговое значение весов, чтобы отображались только критичные для организации положения стандарта, которые не выполнены. После задания контрмеры к невыполненному положению видно соотношение стоимости данной контрмеры и величины, на которую изменилось значение риска от невыполненных требований. Таким образом, можно расставить приоритеты и заранее оценить эффективность планируемых мероприятий при разработке или работе с уже существующей политикой информационной безопасности организации. Каждое требование стандарта имеет определенное значение – вес требования. Вес требования – степень влияния требования на ИБ компании. Определяется на основе экспертных оценок, указывается в значениях от 1 до 100 (чем больше значение эффективности, тем больше влияние данного требования). Сумма значений весов всех требований определяет максимальный риск невыполнения требований стандарта, т.е. стандарт полностью не выполнен. Риск невыполнения требований стандарта в компании определяется как отношение суммы значений весов невыполненных в компании требований к сумме значений весов всех требований стандарта. Риск невыполнения требований стандарта рассчитывается в процентах. Риск невыполнения требований ГОСТ 17799 показывает, насколько значимы для ИБ организации невыполненные требования. Риск зависит от количества невыполненных требований и их весов. Для снижения риска несоответствия ИБ стандарту ГОСТ 17799 необходимо выполнить максимальное количество требований. Особенно важно выполнение требований, имеющих высокие веса, то есть тех требований, которые оказывают наибольшее влияние на ИБ организации. В программе КОНДОР представлен широкий набор требований, который, по современным представлениям, покрывает практически все аспекты ИБ организации. По разделам стандарта они распределены так:

– 19 требований раздела 3 «Политика безопасности»;
– 41 требование раздела 4 «Организационные меры»;
– 22 требования раздела 5 «Управление ресурсами»;
– 33 требования раздела 6 «Безопасность персонала»;
– 77 требований раздела 7 «Физическая безопасность»;
– 148 требований раздела 8 «Управление коммуникациями и процессами»;
– 165 требований раздела 9 «Контроль доступа»;
– 103 требования раздела 10 «Разработка и сопровождение систем»;
– 28 требований раздела 11 «Непрерывность ведения бизнеса»;
– 50 требований раздела 12 «Соответствие системы требованиям».

Общие принципы работы с программой. Для проведения анализа ИБ компании на соответствие стандарта информационной безопасности ГОСТ 17799 необходимо проверить, выполняются ли в организации требования стандарта. В зависимости от временного периода степень выполнения требований стандарта меняется, поэтому необходимо проводить аудит периодически через определенные руководством организации промежутки времени. Для этого необходимо сначала создать новый проект аудита – временной интервал, содержащий несколько периодов, в котором анализируются изменения, произошедшие в организации за истекшие периоды. В проекте нужно создать новый период аудита – дата, на момент которой все введенные пользователем данные актуальны для ИБ организации. При этом дата периода – это дата окончания аудита. Далее необходимо ответить на вопросы разделов. Каждый раздел соответствует разделу стандарта. Для получения наиболее верных результатов аудита необходимо ответить на все вопросы и указать все вопросы, неприменимые к ИБ. В результате работы алгоритма получается отчет по периоду.

Применение программы КОНДОР для управления информационной безопасностью. Программа позволяет экспериментировать с мерами по обеспечению ИБ, в том числе и в реальном времени. Для этого проводится анализ выполнения всех разделов стандарта, как это показано в приведенных выше примерах. По полученным результатам и вводятся необходимые для усиления ИБ изменения, которые должны приводить к снижению риска до приемлемого уровня. Таким образом, управление безопасностью с помощью программы КОНДОР представляет собой циклический процесс изменений, который итеративно может сходится к приемлемому результату. Многое зависит от искусства и уровня подготовленности моделирующего. Обычный порядок действий следующий. Создание проекта – введение названия нового проекта, ответственного за выполнение работы пользователя и его должность, изменение весовых коэффициентов тех требований стандарта ГОСТ 17799, которые специфичны для данной моделируемой системы. Моделирование системы – формирование ответов на вопросы разделов стандарта ГОСТ 17799, выделение вопросов, которые неприменимы к моделируемой системе ИБ, т.е. вопросы, относящиеся к бизнес-процессам, которых не существует в компании. Ввод затрат на обеспечение ИБ в компании. Создание отчета. Анализ данных отчета. Управление рисками. Задание контрмер к требованиям стандарта ГОСТ 17799 – вносятся изменения в систему ИБ, которые повлекут за собой выполнение требований стандарта ГОСТ 17799 и уменьшение риска невыполнения требований. Вводится стоимость внедрения контрмеры и возможное снижение затрат на ИБ. Создание повторного отчета. Анализ изменений риска при задании контрмер. Управление периодами. Создается новый период аудита. Проводится повторное моделирование системы ИБ с учетом всех изменений, которые произошли в системе с момента последнего проведения аудита. Формирование окончательного отчета. Вывод отчета по проекту. Представление с комментариями и выводами окончательных результатов.

В пояснительную записку следует поместить постановку задачи анализа рисков относительно выбранного предприятия соответствующего класса, таблицы соответствия требований различных стандартов ГОСТ 17799, ГОСТ 19791 и РД ГТК, распечатки результатов моделирования, включая предпринятые контрмеры. Также должен быть подраздел с выводами о соответствии требований стандартов и целесообразности предпринятых контрмер.

БИБЛИОГРАФИЧЕСКИЙ СПИСОК

1. Ворона В.А., Тихонов В.А. Комплексные (интегрированные) системы обеспечения безопасности. – М.: Горячая линия – Телеком, 2013. – 160 с.

2. Шаньгин В.Ф. Комплексная защита информации в корпоративных системах. – М.: Издательский Дом Форум, 2012. – 591 с.

3. Загинайлов Ю.Н. Комплексная система защиты информации на предприятии: Учебно-методическое пособие / Ю.Н. Загинайлов и др., – Алт. гос. техн. ун-т им. И.И. Ползунова. – Барнаул: АлтГТУ, 2010. –   287 с.

4. Грибунин В.Г. Комплексная система защиты информации на предприятии: Учеб. пособие для студ. вузов / В.Г. Грибунин, В.В. Чудовский. – М.: Академия, 2009. – 411 с.

5. Гришина Н.В. Комплексная система защиты информации на предприятии: Учебное пособие / Н.В. Гришина. – М.: ФОРУМ, 2009. – 240 с.

6. Завгородний В.И. Комплексная защита в компьютерных системах: Учебное пособие. – М.: Логос; ПБОЮЛ Н.А. Егоров, 2001. – 264 с.

7. РД ГТК РФ. Защита от несанкционированного доступа к информации. Термины и определения. – М., 1992.

8. ГОСТ Р 50922-96. Защита информации. Основные термины и определения. – М.: Изд-во стандартов, 1996.

9. РД ГТК РФ. Концепция защиты СВТ и АС от НСД к информации. – М., 1992.

10. РД ГТК РФ. Автоматизированные системы. Защита от несанкционированного доступа к информации. Классификация автоматизированных систем и требования по защите информации. – М., 1992.

11. ГОСТ Р 50739-95. Средства вычислительной техники. Защита от несанкционированного доступа к информации. Общие технические требования. – М.: Изд-во стандартов, 1995.

12. РД ГТК РФ. Средства вычислительной техники. Защита от несанкционированного доступа к информации. Показатели защищенности от НСД к информации. – М., 1992.

13. РД ГТК РФ. Средства вычислительной техники. Межсетевые экраны. Защита от несанкционированного доступа к информации. Показатели защищенности от несанкционированного доступа к информации. – М., 1997.

14. РД ГТК. РФ. Средства антивирусной защиты. Показатели защищенности и требования по защите от вирусов. Показатели защищенности от вирусов. – М., 1997.

15. РД ГТК РФ. Защита от несанкционированного доступа к информации. Часть 1. Программное обеспечение средств защиты информации. Классификация по уровню контроля отсутствия недекларированных возможностей. – М., 1999.

16. РД ГТК РФ. Защита информации. Специальные защитные знаки. Классификация и общие требования. – М., 1997.

17. Шилов А.К. Методические указания к проведению лабораторных работ по методологии защиты информации. № 3579. – Таганрог: ТРТУ, 2004. – 11 с.

18. ГОСТ Р 51275-99. Защита информации. Объект информатизации. Факторы, воздействующие на информацию. Общие положения. – М.: Изд-во стандартов, 1999.

19. ГОСТ Р ИСО/МЭК 15408-2002. Информационная технология. Методы и средства обеспечения безопасности. Критерии оценки безопасности информационных технологий. – М.: Изд-во стандартов, 2002.

20. Медведовский И.Д. Практическое применение международного стандарта безопасности информационных систем ISO17799. Электронный курс. – СПб.: Digital Security, 2003.

21. Шилов А.К. Современная методология оценки безопасности информационных технологий: Учебное пособие. – Таганрог: Изд-во ТТИ ЮФУ, 2007. – 170 с.

22. ГОСТ Р 17799-2005. Информационная технология. Практические правила управления информационной безопасностью. – М.: Стандартинформ, 2006.

23. Типовой проект комплексного оснащения объекта автоматизированными системами управления доступом, средствами защиты персональных компьютеров, локальных вычислительных сетей, каналов электронного документооборота специальной техникой. – СПб.: Ассоциация защиты информации «Конфидент», 1997.

24. ГОСТ Р 51241-98. Средства и системы контроля и управления доступом. Классификация. Общие технические требования. Методы испытаний. – М.: Изд-во стандартов, 1998.

25. ГОСТ Р 51113-97. Средства защитные банковские. Требования по устойчивости к взлому и методы испытаний. – М.: Изд-во стандартов, 1997.

26. ГОСТ 30109-94. Двери деревянные. Методы испытаний на сопротивление взлому. – М.: Изд-во стандартов, 1994.

27. ГОСТ Р 51072-97. Двери защитные. Общие технические требования и методы испытаний на устойчивость к взлому и пулестойкость. – М.: Изд-во стандартов, 1997.

28. ГОСТ Р 51053-97. Замки сейфовые. Требования и методы испытаний на устойчивость к криминальному открыванию и взлому. – М.: Изд-во стандартов, 1997.

29. ГОСТ Р 51242-98. Конструкции защитные механические и электромеханические для дверных и оконных проемов. Технические требования и методы испытаний на устойчивость к разрушающим воздействиям. – М.: Изд-во стандартов, 1998.

30. ГОСТ Р 50862-96. Сейфы и хранилища ценностей. Требования и методы испытаний на устойчивость. – М.: Изд-во стандартов, 1996.

31. ГОСТ Р 50941-96. Кабина защитная. Общие технические требования и методы испытаний. – М.: Изд-во стандартов, 1996.

32. ГОСТ 26139-84. Интерфейс для автоматизированных систем управления рассредоточенными объектами. Общие требования. – М.: Изд-во стандартов, 1984.

33. Торокин А.А. Основы инженерно-технической защиты информации. – М.: Ось-89, 1998.

34. Никулин О.Ю., Петрушин А.Н. Системы телевизионного наблюдения. – М.: Оберг-РБ, 1996.

35. Волхонский В.В., Нейменов Н.И. Телевизионные системы и приборы ночного видения. – СПб.: Экономика и культура, 1994.

36. ГОСТ Р 51558-2000. Системы охранные телевизионные. Общие технические требования и методы испытаний. – М.: Изд-во стандартов, 2000.

37. Магауенов Р.Г. Системы охранной сигнализации: основы теории и принципы построения. – М.: Горячая линия-Телеком, 2004.

38. Уокер Ф. Электронные системы охраны. Наилучшие способы предотвращения преступлений: Пер. с англ. / Под ред. Ю.М. Мареева. – М.: За и против, 1991.

39. Соломенко А.В. Монтаж объектовых комплексов технических средств охраны, пожарной и охранно-пожарной сигнализации. – Воронеж: Воронежская высшая школа МВД РФ, 1997.

40. Справочник инженерно-технических работников и электромастеров технических средств охранно-пожарной сигнализации. – Воронеж: Охрана, 1997.

41. Халяпин Д.Б. Технические средства охраны объектов. – М., 1998 (библиотека ФЗИ).

42. ГОСТ 12.1.004-94. Пожарная безопасность. Общие требования. – М.: Изд-во стандартов, 1994.

43. ГОСТ 4.188-85. СПКП. Средства охранной, пожарной и охранно-пожарной сигнализации. Номенклатура показателей. – М.: Изд-во стандартов, 1985.

44. ГОСТ 26342-84. Средства охранной, пожарной и охранно-пожарной сигнализации. Типы, основные параметры и размеры. – М.: Изд-во стандартов, 1984.

45.ГОСТ 27990-88. Средства охранной, пожарной и охранно-пожарной сигнализации. Общие технические требования. – М.: Изд-во стандартов, 1988.

46. ГОСТ Р 51089-97. Приборы приемно-контрольные и управления пожарные. Общие технические требования. Методы испытаний. – М.: Изд-во стандартов, 1997.

47. ГОСТ Р 50658-94 (МЭК 839-2-4–90). Системы тревожной сигнализации. Ч. 2. Требования к системам охранной сигнализации. Разд. 4. Ультразвуковые доплеровские извещатели для закрытых помещений. – М.: Изд-во стандартов, 1994.

48. ГОСТ Р 50659-94. Системы тревожной сигнализации. Ч. 2. Требования к системам охранной сигнализации. Разд. 5. Радиоволновые доплеровские извещатели для закрытых помещений. – М.: Изд-во стандартов, 1994.

49. ГОСТ Р 50775-95 (МЭК 839-1–88). Системы тревожной сигнализации. Ч. 1. Общие требования. Разд. 1. Общие положения. – М.: Изд-во стандартов, 1995.

50. ГОСТ Р 50776-95 (МЭК 839-1-4–89). Системы тревожной сигнализации. Ч. 1. Общие требования. Разд. 4. Руководство по проектированию, монтажу и техническому обслуживанию. – М.: Изд-во стандартов, 1995.

51. ГОСТ Р 50777-95. Системы тревожной сигнализации. Ч. 2. Требования к системам охранной сигнализации. Разд. 6. Пассивные оптико-электронные инфракрасные извещатели для закрытых помещений. – М.: Изд-во стандартов, 1995.

52. ГОСТ Р 51186-98. Извещатели охранные звуковые пассивные для блокировки остекленных конструкций в закрытых помещениях. Общие технические требования и методы испытаний. – М.: Изд-во стандартов, 1998.

53. РД 78.145-93. Пособие. Системы и комплексы охранной, пожарной и охранно-пожарной сигнализации. Правила производства и приемки работ.

54. РД 78.36.006-2005. Выбор и применение технических средств охраны и средств инженерно-технической укрепленности для оборудования объектов. Рекомендации.

55. Меньшаков Ю.К. Защита объектов и информации от технических средств разведки. – М.: Российск. гос. гуманит. ун-т, 2002. – 399 с.

56. ГОСТ 28689-90. Радиопомехи от ПЭВМ. Нормы и методы испытаний. ТУ на конкретный вид продукции. – М.: Изд-во стандартов, 1990.

57. ГОСТ 29339-92. Защита информации от утечки за счет ПЭМИН. Общие технические требования. – М.: Изд-во стандартов, 1992.

58. ГОСТ Р 50752-95. Информационная технология. Защита информации от утечки за счет побочных электромагнитных излучений при ее обработке средствами вычислительной техники. Методы испытаний. – М.: Изд-во стандартов, 1995.

59. ГОСТ 16600-72. Передача речи по трактам радиотелефонной связи. Требования к разборчивости речи и методы артикуляционных измерений. – М.: Изд-во стандартов, 1972.

60. ГОСТ Р 51061-97. Системы низкоскоростной передачи речи по цифровым каналам. Параметры качества речи и методы измерений. – М.: Изд-во стандартов, 1997.

61. ГОСТ Р 50840-95. Передача речи по трактам связи. Методы оценки качества, разборчивости и узнаваемости. – М.: Изд-во стандартов, 1995.

62. ГОСТ 23511-79. Радиопомехи индустриальные от электротехнических устройств, эксплуатируемых в жилых домах или подключаемых к их электрическим сетям. Нормы и методы измерений. – М.: Изд-во стандартов, 1979.

63. ГОСТ 29073-91. Совместимость технических средств измерения, контроля и управления промышленными процессами электромагнитная. Устойчивость к электромагнитным помехам. Общие положения. – М.: Изд-во стандартов, 1991.

64. ГОСТ 30379-95/ГОСТ Р 50009-92. Совместимость технических средств охранной, пожарной и охранно-пожарной сигнализации – электромагнитная. Требования, нормы и методы испытаний на помехоустойчивость и индустриальные радиопомехи. – М.: Изд-во стандартов, 1995.

www.ingramcontent.com/pod-product-compliance
Lightning Source LLC
Chambersburg PA
CBHW051210050326
40689CB00008B/1255